ACCIDENTALES
INVENTOS
Que Cambiaron Nuestro Mundo

50 historias reales de errores que funcionaron y sus orígenes

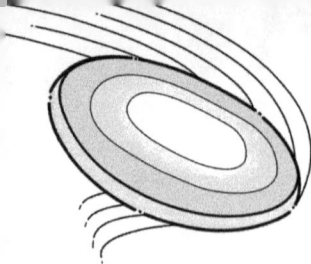

TABLE DE CONTENIDO

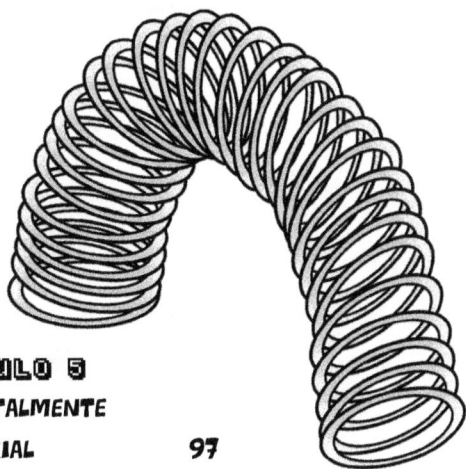

INTRODUCCIÓN

Pasamos gran parte de nuestras vidas beneficiándonos de los extraños e ingeniosos inventos que la gente ha creado a lo largo de la historia. Ya sean tan simples como una rueda o tan complejos como un avión, los seres humanos somos criaturas curiosas y siempre estamos buscando formas de mejorar nuestras vidas. La innovación es algo salvaje e interesante, pero lo más frecuente es que sea aleatoria.

Cómo y por qué tenemos las ideas que tenemos es una historia completamente distinta cada vez e, incluso cuando tenemos una idea de antemano, su ejecución no siempre sale según lo previsto. Puede que intentes idear un colchón nuevo y acabes consiguiendo una bombilla en su lugar. Por eso, ya se trate de un error en un proceso o de un "accidente que sale bien", muchos inventos humanos son totalmente accidentales.

Así que siga leyendo mientras exploramos todas las cosas maravillosas que la gente ha inventado simplemente por casualidad o mientras buscaba una marca completamente diferente. Los accidentes ocurren, y esos accidentes dan lugar a grandes historias.

En este libro se utilizan algunos términos o palabras cuyo significado es posible que desconozca, por lo que, para facilitar la lectura, voy a explicárselo antes de empezar.

Una "patente" es un documento legal que dice que usted es la única persona que puede fabricar cierta cosa y que, legalmente, usted es la persona que la inventó.

Un "momento eureka" es cuando alguien tiene una idea repentina y a menudo brillante. El origen de esta frase se remonta a una larga historia sobre la antigua Grecia y las bañeras, en la que no vamos a entrar aquí (¡en la frase, no en las bañeras!).

CAPÍTULO 1
ACCIDENTALMENTE DIVERTIDO

Hoy en día, los juguetes y juegos constituyen un negocio masivo que genera millones de dólares cada año. Empresas enteras se dedican al desarrollo de juguetes y otros artículos de entretenimiento. Los investigadores trabajan incontables horas en los laboratorios ideando cosas nuevas que diviertan y emocionen a la gente, y los artistas fabrican cientos de modelos diferentes para nuevas muñecas o figuras de acción.

Sin embargo, la mayoría de los juguetes que se desarrollaron incluso antes de que algunos de nosotros naciéramos se encontraron sin querer o se crearon accidentalmente.

Tanto si se trata de viejos objetos reutilizados como de algo serio con un toque divertido, la invención de juguetes sigue requiriendo una gran dosis de creatividad. Todos los artículos de este capítulo son cosas que dan alegría, pero que originalmente tenían fines más prácticos.

GLOBO DE NIEVE

A finales del siglo XIX, Erwin Perzy inventó la primera bola de nieve.
Perzy intentaba inventar una fuente de luz mejor y mejorar la recién
inventada bombilla.

De día, Erwin Perzy trabajaba como proveedor de instrumental
médico para los médicos locales. Uno de los cirujanos a los que
suministraba le preguntó si podía fabricar una bombilla que iluminara
más y mejor que las que había en el mercado. Perzy aceptó el reto y
se propuso fabricar la mejor bombilla posible.

Su idea para la nueva bombilla se basaba en lo que había visto hacer a los zapateros. Tomaban un vaso de agua y lo colocaban cerca de una vela para reflejar una sección de luz más brillante y enfocada. Creía que sumergir la bombilla en agua, o en algún tipo de fluido, era la solución para expandir y enfocar la luz.

Así que Perzy lo probó, y también espolvoreó un poco de purpurina en el agua para hacerla más reflectante. Sin embargo, la purpurina se hundía demasiado rápido, así que la cambió por copos de sémola. Tampoco funcionaron, pero los copos blancos le recordaron a Perzy la nieve. Esta era la idea más básica para una bola de nieve. A continuación, Perzy añadió a la bola un diorama en miniatura o una figurita. Poco después, registraba la patente de la primera bola de nieve, o *Schneekugel*.

En los años siguientes, las bolas de nieve se hicieron cada vez más populares entre los austriacos, como recuerdo y como decoración. Más tarde llegaron a Estados Unidos, donde un hombre llamado Joseph Garaja solicitó la primera patente americana e inventó algo nuevo: el montaje bajo el agua. Esto significaba que las bolas de nieve podían llenarse completamente de agua, lo que las hacía mucho más baratas y, por tanto, más comunes.

Aunque hoy en día la mayoría de las bolas de nieve se fabrican en fábricas con grandes máquinas y ya no se hacen de estaño y cristal, sino sobre todo de plástico, sigue habiendo un mercado para las bolas hechas a mano y de alta calidad. La familia Perzy sigue fabricando miles de bolas cada año, e incluso las ha hecho a medida para personalidades como Barack Obama y Bill Clinton.

Las bolas de nieve han desconcertado a gente de todo el mundo por su caprichosa naturaleza. Menos mal que Perzy nunca inventó la nueva bombilla.

MASILLA SILLY PUTTY

La masilla Silly Putty es realmente *silly*. Es un nombre adecuado para un juguete bastante extraño que puede confundir y deleitar a la vez. Es divertido tirar de él con las manos y darle todo tipo de formas e imágenes extrañas.

Durante la Segunda Guerra Mundial, el suministro de caucho estadounidense se vio amenazado, por lo que la Junta de Producción de Guerra de EE.UU. encargó al laboratorio General Electric de Connecticut que intentara idear un caucho sintético sustitutivo, fácil de producir. El ingeniero James Wright, que trabajaba allí en aquel momento, decidió echar ácido bórico en aceite de silicona, y el resultado fue una sustancia más elástica y blanda que el caucho. La sustancia era una extraña mezcla de líquido y sólido que se rompía al golpearla con suficiente fuerza.

Por muy interesante que fuera su invento, no era un sustituto adecuado del caucho. El gobierno la bautizó como "masilla de nuez" o *nutty putty* y dijo que no se podía hacer nada con ella. Sin embargo, pocos años después, el empresario Peter Hodgson vio el potencial de esta *nutty putty* como juguete para niños.

Se dio cuenta de que gustaba mucho en las fiestas y decidió comercializarla como juguete infantil en huevos de colores que salían a la venta en Semana Santa. Aunque Peter Hodgson estaba muy endeudado, decidió pedir un préstamo para comprar más masilla. Pedir dinero prestado podía parecer una mala idea, pero resultó ser la mejor decisión que jamás había tomado. Gracias a su proyecto científico convertido en juguete, Hodgson murió millonario.

Silly Putty pronto se convirtió en uno de los juguetes más populares, gracias en parte a que apareció en un artículo del New Yorker, "Talk of the Town". Aunque en un principio la masilla sólo se comercializaba como juguete, algunos usuarios le han descubierto muchas funciones muy útiles. Una de ellas es que puede funcionar como adhesivo temporal, lo que resultó muy útil en la nave espacial Apolo 8, donde los astronautas la utilizaron para sujetar sus herramientas en la atmósfera de gravedad cero.

PLASTILINA

La plastilina es una sustancia tan conocida que muchos de nosotros podemos recordar exactamente cómo huele con sólo pensar en ella; quizá algunos de nosotros podamos incluso recordar cómo sabe.

La historia de la plastilina comenzó con el carbón. Puede que suene un poco aburrido, pero antes de la era de la calefacción eléctrica y las estufas de gas, las casas se calentaban con quemadores de carbón. Estos quemadores dejaban un residuo negro y pegajoso en el papel pintado que no podía limpiarse con ninguno de los productos disponibles en aquella época. La mayoría de los productos de limpieza no hacían más que emborronar el residuo y empeorar las manchas, debido al material del que estaba hecho el papel pintado.

El supermercado Kroger de Cincinnati encontró la solución a este problema en Kutol. Kutol era un material maleable, blanquecino, parecido a la masilla, que podía arrancar los residuos de las paredes sin dañar el papel pintado y, durante un tiempo, fue un producto muy solicitado. Sin embargo, con la invención del papel pintado vinílico y los quemadores de gas más limpios, el producto dejó de ser necesario y las ventas empezaron a disminuir masivamente.

Finalmente, Kay Zufall, profesora de guardería, fue la persona que salvó las ventas de Kutol. Había leído un artículo sobre cómo los niños utilizaban la masilla para proyectos artísticos y vio el potencial de la masilla como juguete. Era cuñada de Joseph McVicker, cuyo tío era Noah McVicker, y ambos trabajaban en Kutol. Kay les convenció para que empezaran a comercializar y vender la masilla como juguete.

Los McViker crearon una empresa llamada Rainbow Crafts Company, dedicada exclusivamente a fabricar plastilina y juguetes para niños. Al principio, la plastilina sólo se podía comprar en su color original, blanco hueso, pero muy pronto la empresa Rainbow Crafts empezó a venderla en amarillo, azul y rojo. Esos colores se convirtieron en iconos de la marca Play-Doh. Ahora se puede conseguir en más colores, pero el amarillo, el azul y el rojo siempre serán los más conocidos.

La receta exacta de Play-Doh sigue siendo un secreto comercial, a pesar de que hay cientos de recetas en Internet, para que la gente lo haga en casa. Hasbro, la empresa propietaria y fabricante del Play-Doh original, ha dicho que los ingredientes principales son agua, sal y harina, pero aún se desconoce la proporción de estos ingredientes.

La plastilina es un elemento básico en la vida de muchos niños y es un gran ejemplo de cómo la creatividad puede traer fortuna.

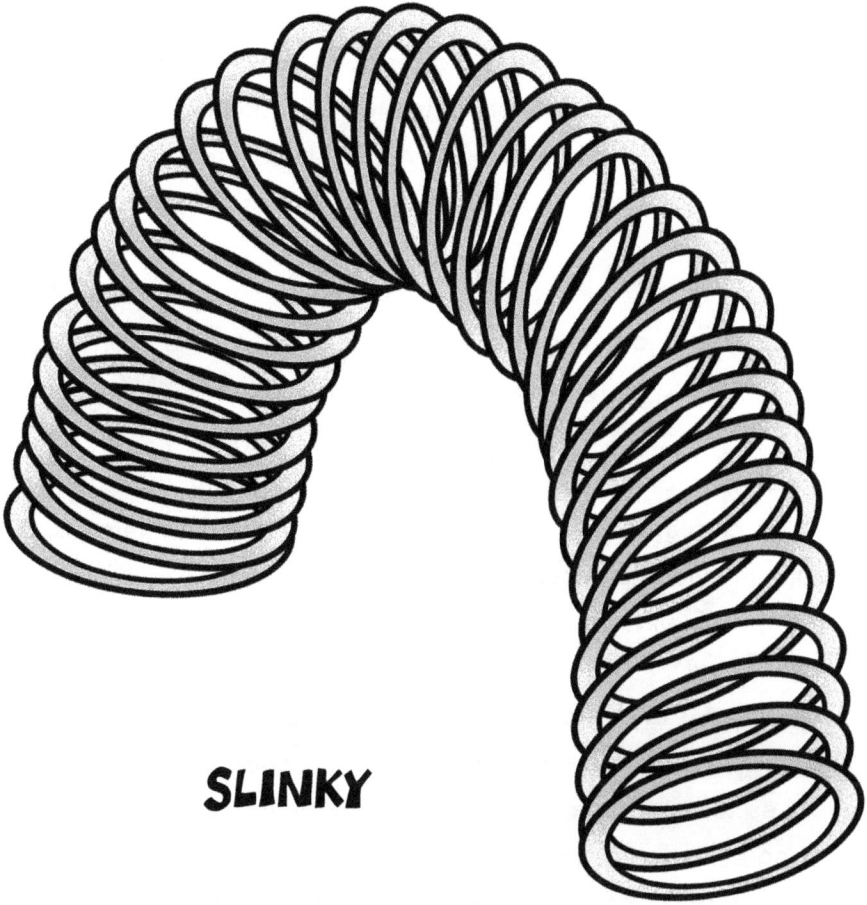

SLINKY

Todo el mundo se ha sentido desconcertado alguna vez por un Slinky (y bastantes de nosotros también los hemos enredado sin remedio). Los Slinkies tienen un origen bastante humilde.

El Slinky fue inventado por Richard James, cuando trabajaba en un astillero de Filadelfia como ingeniero naval. James intentaba perfeccionar la tensión de los muelles utilizados en los instrumentos sensibles de los barcos estadounidenses, para que estuvieran protegidos de los elementos del mar y de las actividades diarias de la marina.

James ya había fabricado muchos muelles diferentes, con distintas tensiones y dimensiones. Todos estaban sobre su mesa de trabajo y, por casualidades del destino, uno de ellos reunía las características perfectas para un juguete. Este muelle en concreto no rebotaba como los demás. En cambio, bajo la influencia de la gravedad, se deslizaba.

Más tarde dijo que lo vio "bajar de su sitio" y se le ocurrió la idea: ¿y si hubiera un juguete que caminara?

James tuvo entonces su brillante idea y, con la ayuda de su mujer, Betty, creó uno de los mejores juguetes de todos los tiempos. Betty también vio el potencial del juguete y fue la persona que le dio su nombre: Slinky. Slinky significa movimiento grácil o sinuoso.

Durante los años siguientes, Richard James perfeccionó el diseño, de modo que no tuviera tensión ni compresión y pudiera "bajar" las escaleras sin problemas. El juguete salió a la venta en 1945 y, aunque las ventas fueron lentas al principio, se convirtió en un éxito masivo tras aparecer en los grandes almacenes Gimbels.

El juguete tuvo tanto éxito que se vendieron más de 100 millones en los dos primeros años. Hoy en día, muchos lo consideran un juguete imprescindible. Todo el mundo ha tenido un Slinky en algún momento de su vida. El Slinky actual es bastante diferente de su forma metálica original. La mayoría de los que se pueden encontrar en las estanterías de las tiendas actuales son de plástico flexible, pero siguen siendo igual de divertidos e interesantes. Y, desde luego, caminan como ningún otro juguete.

BARRA LUMINOSA

Las barritas luminosas causan asombro entre los curiosos. El chasquido satisfactorio que luego libera el brillante y excitante resplandor de neón es divertido para cualquiera. Tanto si las llevas como joyas como si las utilizas para librar batallas intergalácticas, las barritas luminosas son una gran fuente de luz y entretenimiento.

La invención de estos bastones se atribuye a Edwin A. Chandross. Fue la primera persona que inventó el compuesto químico que hace que los bastones luminosos brillen, y lo hizo por casualidad.

Chandross estaba experimentando con luminol, un compuesto orgánico que brillaba cuando se utilizaba en determinadas reacciones químicas. Destacaba porque las reacciones solían liberar calor. Durante sus experimentos, Chandross descubrió que los ésteres

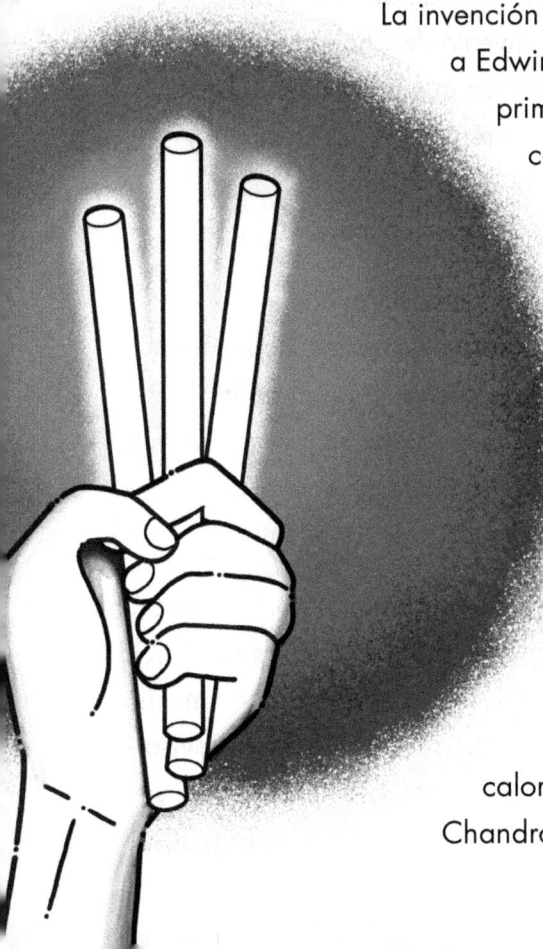

de peroxalato (un compuesto orgánico) eran vitales para crear algo llamado quimioluminiscencia. La quimioluminiscencia es una reacción química que produce luz o luminiscencia.

Chandross siguió jugueteando y ajustando la química, hasta que dio con la combinación ganadora: peróxido de hidrógeno mezclado con cloruro de oxalilo y colorante. Este compuesto producía solo el 0,1% de la luz que emiten las barras luminosas modernas (Sarah, 2015).

Chandross no lo sabía entonces, pero su descubrimiento fue monumental para la química, y todos los avances posteriores en la química de la quimioluminiscencia se debieron a él.

Aunque hizo el descubrimiento, Chandross no inventó el bastón luminoso que finalmente se patentó. El primer bastón luminoso fue perfeccionado por Michael M. Rauhut, de American Cyanamid. Su equipo mejoró el invento de Chandross creando una nueva sustancia química que proporcionaba un mejor resplandor. Esta sustancia se registró como Cyalume y se utilizó principalmente en operaciones militares, por lo que al principio no estaba disponible para uso público.

Más tarde, las barritas llegaron al mercado público y se convirtieron en las favoritas de los fans en fiestas y conciertos. Lo interesante es que Chandross, la mente original de la quimioluminiscencia, no tenía ni idea de que su invento fuera tan popular. Sólo se enteró cuando un periodista se puso en contacto con él para preguntarle por su maravilloso descubrimiento científico.

"¿Es así?" Chandross se echó a reír cuando el reportero se lo contó y luego dijo: "Quizá mi nieta piense que ahora soy genial" (Gaston, 2013). Bueno, aunque su nieta no piense que es genial, muchas otras personas están agradecidas por su asombroso y previsor descubrimiento. Además, las barritas luminosas compensan su pasado "poco genial".

FRISBEE

Todos conocemos esa pintoresca escena en un parque de una película; suena una música dulce y suave mientras aparece un frisbee perseguido por un bonito perro que salta sin esfuerzo para atraparlo.

Los frisbees son una forma estupenda de pasar tiempo al aire libre y practicar juegos menos agotadores que el fútbol o el pilla-pilla, por ejemplo. Sin embargo, la idea de este juguete surgió de las tartas.

¿Qué se hace con un molde de tarta vacío? Es un disco ligero que sirve para casi todo, y para los estudiantes de la Universidad de Yale era un juguete. Había una empresa de tartas, Frisbie Pies, situada cerca del campus de Yale, y sus tartas eran un tentempié de estudio muy popular entre los estudiantes. Los estudiantes solían lanzar las latas vacías a sus amigos del campus, mientras gritaban "¡Frisbie!". Fue su espíritu lúdico lo que dio lugar a la invención del juguete.

Warren Franscioni y Walter Frederick Morrison se asociaron para desarrollar una versión de plástico de los discos de tarta que volaban por el campus de Yale. Se inspiraron en los estudiantes, pero su versión volaba más lejos y más rápido que su inspiración en los discos de tarta. Llamaron a su invento "platillos voladores".

Esperaban que este nombre aprovechara la locura espacial que se vivía en Estados Unidos y la fascinación que despertaban los objetos voladores no identificados (ovnis).

El invento se vendió más tarde a la empresa de juguetes Wham-O, tras la separación de Morrison y Franscioni, y se rebautizó como "Pluto Platter" para seguir con la temática espacial y ayudar a comercializar el producto.

En 1958, Wham-O cambió el nombre del juguete a "Frisbee", escribiendo mal a propósito el nombre de la empresa de pasteles que lo había empezado todo. El diseño se modificó ligeramente y se añadieron crestas para que volara mejor, y entonces este nuevo diseño fue patentado por Ed Headrick.

Wham-O consiguió vender más de 100 millones de juguetes en 1977, comercializando el frisbee como un deporte nuevo y emocionante. Al deporte original del frisbee pronto le salieron dos hermanos, el ultimate frisbee y el frisbee golf, que no hicieron sino popularizar aún más el juguete en Estados Unidos.

Hoy en día hay más de 60 fabricantes de este juguete, la mayoría de plástico. Ya sean moldes para tartas o platillos voladores, los frisbees se han convertido en un juguete muy querido y un juego estupendo para jugar en un picnic.

CANASTA Y TABLERO DE BALONCESTO

A diferencia de la mayoría de los deportes, que se desarrollan con el tiempo, el baloncesto se inventó completamente de la nada. No evolucionó lentamente a partir de un deporte, sino que surgió con relativa rapidez.

Hoy en día, los partidos de la Asociación Nacional de Baloncesto (NBA) son algunos de los acontecimientos deportivos más vistos del mundo, y las finales suelen atraer a más de 5,8 millones de espectadores (Adgate, 2022).

Cuando James Naismith inventó el baloncesto, no pretendía crear un nuevo deporte ni tenía idea de lo popular que llegaría a ser. Más bien trataba de entretener a sus alumnos de la Escuela Internacional de Formación de la YMCA. Era invierno, por lo que los alumnos no podían jugar al aire libre debido al frío.

Su objetivo era idear un juego que les mantuviera interesados, pero que no provocara lesiones; por lo tanto, no podía ser brusco. El juego debía poder jugarse en interiores y quería que fuera sencillo, sin muchas reglas.

El primer "aro" de baloncesto fue una cesta de melocotones rota. El caso es que Naismith no quería un aro; de hecho, se dirigió al conserje para pedirle cajas que pudiera utilizar como porterías, pero en su lugar le dieron dos canastas. Se las arregló con lo que tenía y

las sujetó a la barandilla del balcón del gimnasio. Por eso la canasta tiene tres metros de altura, que era la altura de la barandilla.

Curiosamente, la primera partida acabó con los estudiantes peleándose entre sí. Naismith puso fin rápidamente a la partida, pensando que sería la primera y última vez que la jugasen. Pero los alumnos no dejaban de insistirle para volver a jugar, así que Naismith tuvo que poner reglas para que pudieran jugar sin peligro.

Más tarde, se añadió una red al aro para ayudar a la pelota a caer a través del aro; no fue exactamente accidental, pero sigue siendo una parte importante del juego. La red imitaba la parte inferior de la canasta original de la que procedía.

El tablero nunca se diseñó para facilitar el juego, sino para proteger a los espectadores sentados en las gradas detrás de los aros. Las pelotas podían salir volando por encima de la barandilla y herir fácilmente a los espectadores, por lo que los gimnasios añadieron tableros para proteger a los espectadores.

Hoy en día, los tableros ya no se utilizan con este fin. En su lugar, ayudan a los jugadores a lanzar al aro contrario y a defender el propio. Este desarrollo fue completamente accidental y se produjo cuando los jugadores se dieron cuenta de que podían utilizar el tablero para ayudar en sus tiros. Ahora existen todo tipo de reglas sobre el tablero y su uso.

El baloncesto es uno de los deportes de mayor crecimiento de todos los tiempos y ha arrasado en Estados Unidos y en el mundo. Y pensar que todo empezó con un profesor que intentaba entretener a sus aburridos alumnos.

FUEGOS ARTIFICIALES

Los fuegos artificiales, también llamados petardos, se inventaron en busca de la inmortalidad. Al menos, así cuenta una historia. No está muy claro cómo surgieron los primeros petardos, pero lo que sí está claro es que fue alrededor del año 200 a.C. y que se inventaron en China.

Se cuenta que un alquimista chino mezcló azufre, carbón vegetal y nitrato potásico con la esperanza de obtener la vida eterna. Al prenderle fuego, el polvo explotó y se convirtió en la primera pólvora de la historia. Más tarde, vertieron este polvo en palos de bambú y los encendieron para fabricar los primeros fuegos artificiales del mundo.

Los primeros fuegos artificiales se utilizaban para celebrar acontecimientos importantes y para ahuyentar a los malos espíritus, pero no tenían mucho más que el ruido de una explosión y quizá algunos restos voladores. Tampoco saltaban por los aires, sino que se arrojaban al fuego.

En los años siguientes, los chinos modificaron el uso de esta pólvora para usos militares. Se inventaron los primeros cañones cohete, que dieron paso a los primeros fuegos artificiales aéreos de la historia.

La tecnología no tardó en llegar a Occidente, después de que diplomáticos y misioneros europeos y árabes visitaran China. Al

igual que sus homólogos chinos, los ingenieros europeos utilizaron la tecnología para mejorar sus herramientas militares, y también continuaron el desarrollo de los fuegos artificiales hasta convertirlos en una maravillosa forma de entretenimiento.

Los fuegos artificiales del siglo XVII no eran muy distintos de los de sus orígenes, pero ahora eran aéreos y ofrecían un hermoso espectáculo de chispas anaranjadas. Se utilizaban en victorias militares, bodas y celebraciones reales, aunque su manejo era muy peligroso. Los espectáculos estaban dirigidos por "maestros del fuego", y los cañones reales eran manejados por "hombres verdes", cuyo nombre se debía a las hojas que llevaban para protegerse de las chispas. Los hombres verdes solían contar chistes al público mientras preparaban los fuegos artificiales. A pesar de su comicidad, la profesión era muy peligrosa y muchos hombres verdes murieron o resultaron heridos en el trabajo.

No fue hasta la década de 1830 cuando los fuegos artificiales se volvieron más coloridos, gracias a los ingenieros italianos. Mezclaron el compuesto original de pólvora con diversos metales para dar a las chispas colores interesantes y excitantes.

Los fuegos artificiales de hoy en día son complejos, tanto por sus colores como por las formas que forman en el cielo. Puede que no te concedan la inmortalidad, pero te hacen sentir vivo mientras los ves estallar en el cielo.

CAPÍTULO 2
ACCIDENTALMENTE DELICIOSO

Si hay algo que se le da bien a la gente es crear comida deliciosa, ¡por no hablar de comerla! La comida es una parte muy importante de nuestra cultura y de cómo conectamos con otros seres humanos. Muchas de nuestras interacciones más importantes se producen durante una comida, e incluso se dice que la comida ayuda a profundizar y mejorar las relaciones.

A veces, en la cocina creamos cosas que no teníamos intención de hacer. La mayoría de las veces, estas creaciones sólo sirven para una cosa: la basura. Pero, de vez en cuando, un chef o incluso una persona corriente se topa con algo que es a la vez ingenioso y delicioso.

En este capítulo exploraremos algunas cosas deliciosas que hacen bailar a tus papilas gustativas, pero que fueron descubiertas sin siquiera intentarlo o simplemente por un giro del destino.

GALLETAS CON PEPITAS DE CHOCOLATE

Las galletas con pepitas de chocolate son un gran portador de alegría para muchos de nosotros. Desde la perfecta escena de película de un niño que llega a casa después de un duro día de colegio y se encuentra a su madre esperándole con galletas de chocolate recién horneadas hasta un rápido, fácil y delicioso tentempié, las galletas de chocolate son un alimento básico en la vida de todos.

Este delicioso manjar fue inventado por Ruth Wakefield, y lo hizo por casualidad, después de que una tarde de repostería no saliera según lo previsto. Ruth era la propietaria de Toll House, un hostal, y se esforzaba por ofrecer comida y dulces deliciosos a todos sus huéspedes. Su dulce favorito eran las galletas Butter Drop Do y, mientras las preparaba, una tarde inventó por casualidad las galletas con pepitas de chocolate.

Las galletas Butter Drop Do requieren chocolate para repostería, que se funde en la masa mientras se hornean las galletas y deja un precioso sabor a chocolate. Aquella tarde, Ruth se encontró con un problema; al parecer, su despensa no estaba tan bien surtida como había pensado, y descubrió que no tenía chocolate para repostería.

Ruth no quería tirar la masa a la que ya había dedicado su precioso tiempo, así que decidió arreglárselas con lo que tenía.

Sustituyó el chocolate de repostería por chocolate semidulce finamente picado, con la esperanza de que funcionara. Sin embargo, cuando sacó las galletas del horno, se encontró con una situación bastante diferente. Los "trocitos" no se habían fundido en la masa como el chocolate, sino que habían conservado su forma y sólo se habían ablandado un poco.

Ruth bautizó las galletas como Toll House Crunch Cookies. Pronto se hicieron muy populares, no sólo entre sus invitados, sino también entre gente de todo el mundo. Pronto la gente empezó a llamarlas galletas con pepitas de chocolate y a intentar hacerlas en casa.

De hecho, las galletas con pepitas de chocolate son tan populares en Estados Unidos que una cuarta parte de todas las galletas que se producen en este país son con pepitas de chocolate (DiNuzzo, 2019). En Inglaterra, "cookie" es un término que solo se usa para las galletas con pepitas de chocolate; todas las demás variantes se llaman "biscuits".

Es una maravilla que a la despensa de Ruth Wakefield le faltaran ese día algunos ingredientes clave. De no haber sido así, tal vez nunca hubiéramos sido bendecidos con galletas de chocolate, y eso habría sido una terrible tragedia.

COCA-COLA

Probablemente no haya bebida más famosa que Coca-Cola. Según la empresa, cada día se consumen más de 1.900 millones de raciones de esta bebida en 200 países (Coca-Cola, 2020). No cabe duda de que Coca-Cola ha dejado huella en el mundo.

Pero, lo creas o no, la Coca-Cola nunca se concibió como una bebida para disfrutar. Al contrario, empezó siendo un medicamento.

La Coca-Cola fue inventada por el Dr. John Pemberton, un farmacéutico que tenía un gran don para la química. Tras estudiar farmacia, luchó en la Guerra Civil estadounidense, donde fue apuñalado en el pecho en combate. Se recuperó de la herida, pero le quedó una adicción a la morfina.

Pemberton empezó a investigar un analgésico sin opio, para que nadie más tuviera que pasar por la adicción, con la que él luchó, para controlar su dolor. Fue durante sus experimentos cuando creó la primera versión de la Coca-Cola. Trabajaba con nueces de cola y

vino de coca, y encontró una receta de extractos de nueces de cola y damiana que, mezclados en un jarabe, tenían un sabor nuevo y único.

Empezó a vender la bebida como remedio para el dolor de cabeza, el agotamiento y para calmar los nervios. Al principio se llamaba "Pemberton's French Wine Coca" y se decía que era un medicamento. Más tarde, Pemberton tuvo que cambiar la receta, debido a la preocupación pública por la adicción al alcohol. La nueva receta surgió de su ayudante, que accidentalmente añadió el jarabe base al agua carbonatada. La nueva bebida era sorprendentemente refrescante y presentaba a Pemberton la alternativa perfecta al alcohol.

Este nuevo brebaje se llamó "Coca-Cola" debido a sus dos ingredientes principales, "coca" y "cola". Sin embargo, debido a la controversia de que Coca-Cola se fabricaba en realidad con cocaína, la empresa tuvo que decir que el nombre era una aliteración sin sentido. Entonces pasó de ser clasificada como medicina a ser una "bebida de fuente".

Los ingredientes de Coca-Cola fueron un secreto durante casi 100 años y, aún hoy, las proporciones exactas y la receta son un secreto comercial. Esto se ve claramente en todas las alternativas que han aparecido a lo largo de los años y que no saben igual.

Algo bastante interesante es que la bebida tiene propiedades medicinales y se ha demostrado que trata las náuseas y los bloqueos estomacales. Independientemente de si es una medicina o una cura para la sed en un caluroso día de verano, la Coca- Cola se ha convertido en un producto básico en Estados Unidos y en todo el mundo. El verano no sería lo mismo sin ella.

PATATAS FRITAS

Las patatas fritas son una de esas cosas sin las que la vida no sería lo mismo. Ya sea viendo una película, charlando en una fiesta o como tentempié en un viaje por carretera, las patatas fritas mejoran la mayoría de las ocasiones y son uno de los aperitivos más populares de Estados Unidos.

No está muy claro quién fue el responsable de la invención de las patatas fritas, y su creación se ha atribuido a muchas personas. Todas las historias más populares tienen su origen en Moon's Lake House, un popular restaurante del lugar de vacaciones de Saratoga Springs, Nueva York.

La historia original cuenta que un cliente del restaurante, Cornelius Vanderbilt, pidió patatas fritas con su comida y se sintió decepcionado porque no estaban lo bastante crujientes. Pidió que se las cortaran más finas. George Crum, el conocido chef del restaurante, un poco molesto, las cortó en rodajas lo más finas que pudo y luego las volvió a freír. Intentaba demostrar a Vanderbilt que las patatas fritas eran mejores así; pero, para sorpresa de Crum, a Vanderbilt le encantaron y así nacieron las patatas fritas.

Otra historia atribuye el mérito a la hermana de Crum, Catherine Adkins Wicks, que trabajaba junto a Crum en la cocina. Esta versión de la historia cuenta que ella estaba pelando patatas y que accidentalmente se le cayó una de las pieles en el aceite caliente que estaba al lado de donde trabajaba. El crujiente resultado le dio una idea brillante y ¡eureka! Patatas fritas.

A lo largo de los años también se ha atribuido la invención a otras personas. A juzgar por el hecho de que tanto las patatas como el aceite existen desde hace mucho tiempo, es probable que se hayan inventado y reinventado varias veces. Probablemente, muchas de ellas también fueron accidentes.

Comercialmente, las primeras patatas fritas salieron de Saratoga Springs, de ahí el antiguo nombre de "Saratoga Chips". Sin embargo, aunque se producían en Saratoga, eran un manjar gourmet destinado sobre todo a los ricos. No fue hasta la década de 1930, cuando Lays y Fritos empezaron a producir sus propias patatas fritas, que se hicieron comercialmente populares y comunes entre el gran público. Hoy existen cientos de marcas y sabores de patatas fritas.

Las patatas fritas hacen del mundo un lugar mucho más sabroso, así que menos mal que un cliente se quejó, o que se cayeron las pieles en aceite caliente, porque si no, ¿dónde estaríamos?

PALETAS

Las paletas son un delicioso manjar veraniego que hace más llevaderas las olas de calor y más emocionantes los días de playa. Es lógico que algo tan delicioso y divertido lo inventara un niño.

En 1905, Frank Epperson, un niño de 11 años de San Francisco mezclaba polvos y agua para hacer refrescos con sabor a fruta. Era algo que hacía a menudo, pero una noche no terminó y dejó la bebida fuera con el agitador todavía en el vaso. Aquella noche hacía mucho frío y la bebida se congeló en el vaso.

A la mañana siguiente, Epperson sacó la bebida congelada de la taza y empezó a lamerla. Estaba asombrado por lo ingeniosa y deliciosa que era; Epperson se había topado con algo realmente especial.

Durante los dos años siguientes, vendió sus "Epsicles" a los niños de su barrio durante los veranos. El nombre era una combinación de su propio nombre, Epperson, y "popsicle". Siguió vendiéndolos en su barrio hasta que decidió ampliar su negocio a Neptune Beach, donde se convirtió en un éxito masivo. La golosina sorprendía a la gente por lo fácil que era consumirla directamente del palo, sin necesidad de utensilios.

Epperson patentó el invento en 1924, y la patente incluía incluso el mejor tipo de madera para los palitos. El Epsicle siguió siendo un gran éxito, y Epperson añadió muchos nuevos sabores de fruta y los vendió por todo el país.

El nombre de "Popsicle" (paletas en inglés) se dio al invento después de que los hijos de Epperson le convencieran de que era mucho mejor que Epsicle. El nombre se debió a que sus hijos los llamaban Pop's "sicle" (sicles de papá), que se acortó a Popsicle. El nombre pegó mucho mejor que Epsicle, demostrando una vez más que los niños son una gran fuente de ideas.

Las paletas han evolucionado y se han adaptado a lo largo del tiempo, y hoy en día se pueden comprar muchas golosinas heladas diferentes en un palo, no sólo el zumo de fruta congelado que era originalmente. Tanto si se trata de un helado a base de nata como de algo afrutado, comer un bocadillo helado durante el verano es una forma segura de ayudarte a refrescarte de la forma más sabrosa posible.

CUCURUCHOS DE HELADO

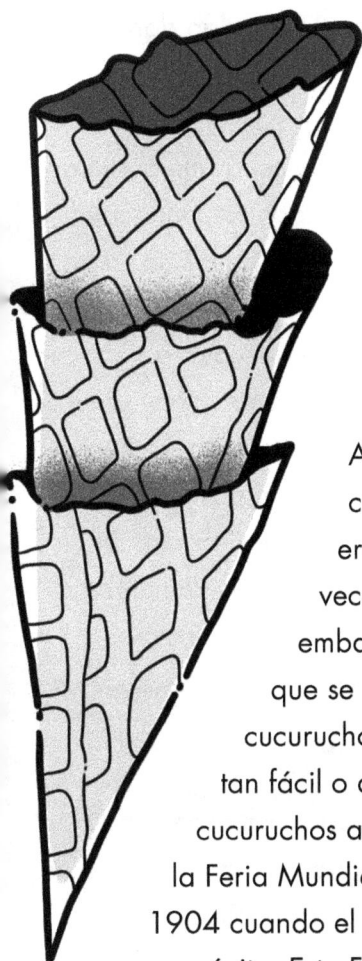

Antes de que se inventara el cucurucho comestible, la única forma de servir helado era en cuencos, que a veces eran comestibles. Sin embargo, el plato comestible que se utilizaba antes del cucurucho no era ni mucho menos tan fácil o divertido como nuestros cucuruchos actuales. No fue hasta la Feria Mundial de San Luis de 1904 cuando el cucurucho se convirtió en un éxito. Esta Feria Mundial era una colección de inventos de todo el mundo, incluida la comida, que premiaba las mejores innovaciones en categorías específicas.

La historia cuenta que Ernest A. Hamwi, inmigrante sirio, vendía en la Feria unos pastelitos crujientes parecidos a gofres, y esperaba que le fuera bien con su dulce. A su lado había otro vendedor de helados. Sucedió que el vendedor no había preparado suficientes cuencos para la cantidad de helado que había traído y

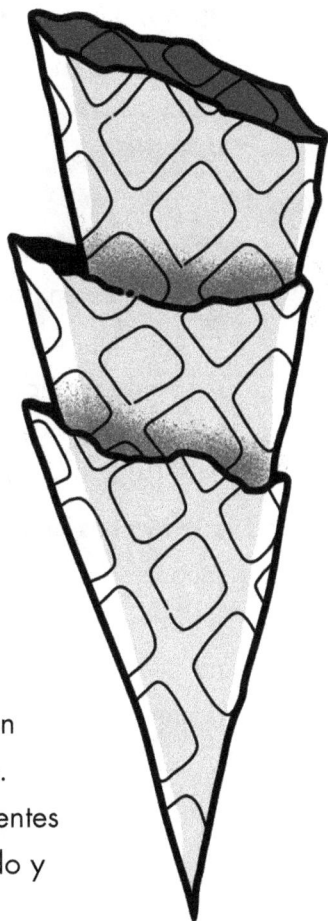

pensó que no podría seguir vendiendo su comida sin algo donde poner el helado.

Hamwi pensó rápido y le dio forma de cucurucho para que pudiera contener el helado. Esta nueva delicia fue un éxito instantáneo y los dos hombres ganaron el premio al mejor producto alimenticio.

Curiosamente, existe otro registro de la invención del cono o cucurucho de helado. En diciembre de 1903, Italo Marchiony obtuvo la patente por la brillante invención de la máquina que podía hacer "cucuruchos de helado". Pero estos cucuruchos no se parecían en nada a los gorros de fiesta invertidos que tenemos hoy en día. De hecho, un nombre mejor para ellos habría sido cuencos de helado, ya que eran galletas en forma de cuenco. A pesar de su éxito en Nueva York, no llegaron a ser tan populares como los cucuruchos de la Exposición Universal.

Empezó como una golosina en la feria, pero estaba a punto de convertirse en un éxito aún mayor. Con la llegada de la primavera en Estados Unidos, los puestos de comida ofrecían al público un nuevo y excitante manjar, que les encantaba y que devoraban.

Los cucuruchos tienen algo mágico, un encanto que no tienen los sándwiches ni los tazones de helado. Tal vez sea la diversión de picar el barquillo para conseguir más helado o el delicado equilibrio de no comer demasiado deprisa pero sí lo bastante rápido para que no quedes empapado. En cualquier caso, el cucurucho hace que comer helado sea más divertido de lo que ya es.

QUESO

Durante la mayor parte de la historia de la humanidad, no existía la refrigeración. Aunque había formas de mantener más fríos ciertos productos, como almacenarlos bajo tierra, la única manera de conservar realmente los alimentos era secarlos, fermentarlos o simplemente comerlos antes de que se estropearan.

La gente tenía que planificar cuidadosamente las estaciones para asegurarse el acceso a los alimentos durante todo el año. La leche presentaba algunas dificultades en este sentido, ya que era una sustancia voluble, difícil de almacenar y que se echaba a perder muy rápidamente.

El queso fue una solución a este problema, ya que permitía almacenar la leche durante más tiempo sin que se echara a perder.

Se desconoce el origen exacto del queso. Algunas estimaciones lo sitúan en el 8000 a.C. (es decir, hace más de 10.000 años), pero es muy poco probable que el queso fuera intencionado. Es posible que hayas oído que el queso es "leche vencida", lo cual no está mal, pero tampoco es exactamente correcto. El queso es leche fermentada, lo que significa que el proceso está controlado. Si dejaras la leche en la nevera el tiempo suficiente para que se agriara, es poco probable que se convirtiera en queso que no te provocara una intoxicación alimentaria.

La historia más probable de cómo se inventó el queso es más o menos así: El queso surgió cuando se domesticaron las ovejas por primera vez. El cuajo es la enzima que da lugar a la formación del

queso y se encuentra en el estómago de las ovejas. Las enzimas son sustancias que se encuentran en el organismo y que ayudan a formar nuevos compuestos y a descomponer otros, como proteínas y azúcares. Se cree que, hace unos 10.000 años, utilizaban los estómagos de las ovejas para almacenar su leche. En aquella época era muy común utilizar los órganos de los animales como una especie de botellas de agua. Los restos de cuajo de estas bolsas estomacales, combinados con el calor del verano, cuajaban la leche, dando lugar a una sustancia parecida al queso.

Se añadía sal a la cuajada para conservarla mejor, pero incluso estos primeros quesos sólo duraban un tiempo, y es poco probable que se almacenaran durante largos periodos de tiempo. Sin embargo, a medida que el queso se extendió por el mundo, a regiones más frías, se añadió menos sal, lo que dio lugar a quesos más cremosos que se acercan más a lo que tenemos hoy en día.

Desde los estómagos de oveja hasta las cremas para untar, el queso ha recorrido un largo camino. Es algo que algunos adoran y otros odian, pero la mayoría de la gente tiene al menos una variante que le gusta. El queso es una parte importante de la cultura y la cocina de todo el mundo, y aunque la idea de utilizar un estómago como recipiente de almacenamiento pueda parecernos extraña, podemos agradecer a esta idea el sabroso aperitivo que es el queso.

DONAS

La única dona sin agujero en el centro que comeré es una dona de mermelada; es una preferencia personal, pero cualquier otra cosa simplemente no es una dona.

Dependiendo de cómo se defina "dona", existen desde hace mucho tiempo, pero al principio tenían un aspecto muy diferente al que la mayoría de la gente se imagina cuando oye la palabra "dona". Esto se debe a que no eran más que trozos redondos de masa fritos en aceite. El nombre de este dulce no era uniforme, y existen variaciones del mismo en todo el mundo y en muchas culturas diferentes.

Las donas no se hacían con un agujero en el centro hasta que Hanson Crockett Gregory, de 15 años, y el mal tiempo en el mar cambiaron por completo esta situación.

La madre de Gregory era conocida por preparar un delicioso olykoek, o "pastel aceitoso", y le dio un poco a Gregory para su viaje en un barco de comercio de lima. También le dio la receta al cocinero para que se la preparara mientras estuvieran en el mar.

La historia cuenta que Gregory dirigía el barco con una mano y tenía un olykoek en la otra cuando el barco entró en una zona de mar gruesa y fuertes vientos. Para dirigir mejor, se agarró al volante con las dos manos, lo que provocó que el olykoek se clavara en el volante. Cuando el mar se calmó de nuevo, Gregory vio lo que había sido de su bocadillo y decidió que le gustaba más así.

Durante el resto del viaje, exigió a su cocinero que le hiciera un agujero en el centro, y así lo hizo. Cocinar la masa con un agujero en el centro tiene muchas ventajas, entre ellas que se cuece por completo.

Cuando regresaron a la costa, esta delicia se puso rápidamente de moda, tanto por su aspecto único como por la garantía de que nunca más habría mezcla cruda en el centro de la masa frita.

Hoy en día, las donas vienen en todos los sabores y colores. Con un simple glaseado o cubiertos de virutas, hay todo tipo de formas de adornarlos. Sin embargo, hay algo que no cambia: ese agujero en el centro es lo que hace que una dona sea una dona, y sin él no sería lo mismo.

LA BOLSA DE TÉ

El té es probablemente uno de los inventos más antiguos de todos los tiempos. Es difícil decir con exactitud cuándo surgió, pero se puede afirmar que hace más de 3.000 años. La bolsita de té, sin embargo, es un invento mucho más reciente.

Antes de que se inventara la bolsita de té, la gente bebía el té con todas las hojas flotando en el agua o lo colaba antes de beberlo.

¿Cómo se inventó la primera bolsita de té? Existe cierto debate sobre quién inventó realmente la bolsita de té, pero la historia más popular atribuye la invención a un tal Thomas Sullivan, en 1906.

Thomas Sullivan era un importante comerciante de té y café. Decidió suministrar muestras de sus productos en pequeñas bolsitas de seda, sin intención de que la gente las metiera directamente en el agua, sino pensando que antes sacarían las hojas de la bolsita. Sin embargo, algunos de sus clientes lo probaron así y les gustó su comodidad y lo fácil que era utilizarlo. Después pidieron que sus hojas de té se sirvieran siempre en bolsitas pequeñas. De ese modo, siempre obtendrían la ración perfecta.

Sin embargo, siete años antes, Roberta C. Lawson y Mary Molaren, de Milwaukee (Wisconsin), solicitaron la patente de un "portahojas de té" parecido al que utilizamos hoy. Querían algo que contuviera la cantidad perfecta de hojas para una taza de té, minimizando el desperdicio de tener que preparar una tetera entera. También querían que el diseño impidiera que las hojas entraran en la boca del bebedor y que estuviera hecho de un material lo suficientemente fino como para permitir la correcta difusión del sabor de las hojas en la bebida. Optaron por una bolsa de malla, que retuviera las hojas en su interior, pero que permitiera que todo el sabor llegara al agua caliente.

Más tarde, Thomas Sullivan también cambió a un material de malla, ya que los hilos de seda de sus bolsas estaban demasiado apretados y no permitían una difusión óptima del té, por lo que disminuía su sabor.

Independientemente de quién la inventara primero, la bolsita de té solucionaba muchos de los problemas asociados al consumo de té en aquella época: la imposibilidad de preparar una sola ración cada vez y la sucia limpieza que suponía tener que lavar las hojas de la tetera.

La invención de la bolsita de té fue tan sencilla e ingeniosa que no ha necesitado ninguna modificación durante un siglo, y es seguro que seguirá siendo así durante un siglo más.

SALSA WORCESTERSHIRE
O SALSA INGLESA

La salsa Worcestershire es a la vez un condimento y una palabra que la mayoría de la gente no tiene ni idea de cómo pronunciar. Como muchos condimentos, se encuentra entre la salsa y el condimento, y puede conservarse mucho tiempo sin estropearse.

La salsa Worcestershire, por si te preguntas qué es, es una salsa oscura, casi parecida al alquitrán, que se suele utilizar en guisos y salsas para añadir un sabor profundo y rico. Es bastante potente por sí sola.

Originalmente, la salsa se elaboraba con vinagre de malta, vinagre de alcohol, melaza, azúcar, sal, anchoas, extracto de tamarindo, cebolla, ajo y especias. Poco ha cambiado de la receta original a cómo se elabora hoy en día. ¿Por qué cambiar la perfección?

La historia de su invención comienza con un boticario. Boticario es un término antiguo para referirse a un farmacéutico, pero hace mucho tiempo los boticarios hacían un poco de todo, por lo que no era raro que vendieran cosas como condimentos o conservas. Tampoco era extraño que recibieran encargos de este tipo por parte de los clientes.

Uno de estos boticarios, Lea & Perrins, de Worcester (Inglaterra), recibió de un cliente un pedido de un condimento que contenía los ingredientes mencionados. El cliente, sin embargo, se olvidó de venir a recoger lo que había pedido, por lo que permaneció almacenado durante muchos meses. Un día, mientras un empleado limpiaba las existencias viejas y sin vender del almacén, decidieron probar la creación. El sabor era único y maravilloso, y se dieron cuenta de su potencial.

La salsa Worcestershire se convirtió rápidamente en un éxito tanto en Inglaterra, de donde era originaria, como en América, aunque la receta se modificó ligeramente para los consumidores estadounidenses.

Tenía un sabor único, pero sí muchas similitudes con muchas salsas de Europa y de más al este: pescado fermentado. El pescado fermentado puede parecer poco agradable, pero tiene una característica muy importante: da a los alimentos y a las salsas un sabor muy sabroso, difícil de obtener de otro modo. Este sabor salado no es algo que guste a los niños, pero es algo que acaba gustando con el tiempo.

Menos mal que ese cliente nunca vino a recoger su pedido, porque si no muchos platos no serían iguales. Serían mucho más sosos y no tendríamos una palabra tan extraña que intentar pronunciar.

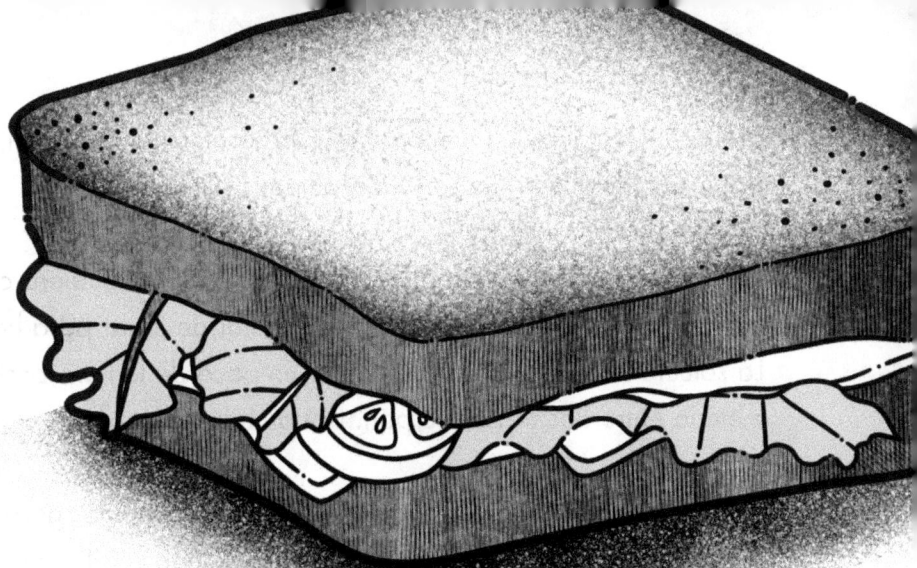

EL SÁNDWICH

Todo el mundo ha comido un sándwich alguna vez. Ya sea el icónico PB&J o algo tan sencillo como un sándwich de queso, esta comida es algo que marca muchos de nuestros días en la escuela y se considera uno de los tentempiés más rápidos y fáciles de preparar.

El nombre "sándwich" procede de John Montagu, que fue el cuarto conde de Sándwich en Inglaterra. Así es, existe un lugar llamado Sándwich.

Montagu era aficionado al juego y se quedaba tan absorto en sus partidas que se olvidaba de comer, porque eso le obligaba a dejar de jugar. Muchos de nosotros conocemos la sensación de quedar atrapados en un buen juego, libro o programa de televisión, así que podemos identificarnos con Sir Montagu.

Pidió a su cocinero que le hiciera una comida que pudiera comer con las manos y que no le obligara a dejar de jugar para hacerlo. La solución de la cocinera fue coger un poco de ternera cocida y meterla entre dos trozos de pan. Bastante ingenioso.

Montagu estaba encantado; no tenía que usar cubiertos para comerlo y podía sujetarlo con una mano y seguir jugando con la otra.

Mucha gente veía a Montagu comiendo su bocadillo en las casas de juego y sin tener que dejar de jugar. Con el tiempo, el sándwich empezó a extenderse y se hizo popular entre los demás por lo fácil que era de comer. Rápidamente se convirtió en habitual en los picnics y como aperitivo en las fiestas, y la gente experimentaba haciendo sándwiches salados y dulces. Se hizo tan popular que "sándwich" se convirtió en un verbo para colocar algo entre otras dos cosas.

La primera receta conocida de sándwich de mantequilla de cacahuete y mermelada se encontró en un libro de cocina de 1901. Cuando Estados Unidos empezó a producir mantequilla de cacahuete en masa, se centró en los niños, y así fue como el sándwich de mantequilla de cacahuete y mermelada se convirtió en un alimento básico en muchos almuerzos escolares. Es una locura cómo una pequeña campaña de marketing puede convertir algo en algo cotidiano para mucha gente.

Tanto si te gusta sencillo y original como si te pones creativo con todas las cosas maravillosas e interesantes que puedes colocar entre pan y pan, un sándwich es algo maravilloso que facilita mucho la hora de comer.

REGALIZ

El regaliz es algo que se ama comer o se ama odiar. Es un dulce increíblemente divisivo. Para los contrarios al regaliz, es un dulce anticuado y amargo en comparación con otras alternativas más decadentes. Pero el regaliz tiene una larga historia, y comienza con las plantas.

El regaliz es un tipo de caramelo que recibe su nombre de la planta del regaliz. Esta planta se ha utilizado durante miles de años para tratar todo tipo de dolencias y, durante mucho tiempo, se consideró un remedio milagroso. La raíz del regaliz, que tiene forma de raíz de patata, se convertía en un té que se bebía para las úlceras y como remedio para la tos. Más tarde, la raíz se utilizó en el primer jarabe para la tos por sus efectos antiinflamatorios.

Hoy en día, el jarabe para la tos no es algo que se pueda llamar sabroso, y era incluso peor en aquellos tiempos. Era amargo y realmente repugnante. En 1790, un farmacéutico británico intentó hacer el jarabe un poco más tolerable, sin perder ninguna de sus propiedades medicinales. Me hace pensar en esos caramelos que saben más a medicina que a dulce. Añadió azúcar al jarabe y el resultado fue una sustancia negra de textura dura y sabor dulce.

No pasó mucho tiempo antes de que toda Europa produjera el producto y lo vendiera al público.

Esta golosina es especialmente popular en los países del noroeste de Europa (Noruega, Suecia, Dinamarca, Finlandia e Islandia), así como en Alemania y los Países Bajos. De hecho, este dulce es tan popular en Suecia que en 2009 se celebró el Lakritsfestivalen, un festival del regaliz que incluye degustaciones, concursos e incluso esculturas hechas con regaliz.

A lo largo de los años, muchas empresas han encontrado formas de aderezar el regaliz y endulzar su sabor originalmente amargo, todo tipo de formas, como trozos de regaliz recubiertos de caramelos blandos de colores muy dulces con sabor a fruta. Algunas empresas han optado por recubrir el regaliz con chocolate para enmascarar su sabor. Los aficionados al regaliz se divierten.

Lo ames o lo odies, el regaliz tiene un sabor único. Nada en este mundo ha llegado a saber igual. Por mucho que algunos lo detesten, el regaliz ha permanecido en las estanterías de las tiendas de golosinas y supermercados durante casi 300 años y seguirá deleitando y disgustando durante muchos años más.

PASAS

Al igual que el queso, las pasas existen desde hace mucho tiempo, más de 4.000 años.

Las pasas son esencialmente uvas pasas, aunque es posible que hayas pensado que eran una fruta distinta, lo cual es un error muy común. El nombre "pasa" significa "uva" en francés, pero no muchos de nosotros hablamos francés, así que probablemente por eso se produjo toda esa confusión.

Se encontraron por casualidad en Egipto, aproximadamente en el año 2000 antes de Cristo.

Los agricultores egipcios solían cultivar uvas, y se dieron cuenta de que algo extraño les ocurría a las uvas que caían de las parras y caían al suelo bajo el sol ardiente. Se secaban y formaban un extraño alimento de color más oscuro y mucho más dulce que una uva.

El motivo es que cuando las uvas se secan, el azúcar que contienen se cristaliza (se parece más al azúcar que se compra en la tienda y menos a un jarabe acuoso) y se endurece. Esta pérdida de agua y cristalización hace que el azúcar se concentre más y que las pasas sean más dulces.

Aún así, resulta un poco sorprendente que alguien se comiera algo del suelo que no se parecía en nada a una uva, sólo para ver qué tal sabía. Curiosamente, se debe a un instinto que tenemos los humanos; cuando nos encontramos con algo extraño o ajeno, una de nuestras primeras respuestas es llevárnoslo a la boca para averiguar qué es. Por eso los bebés se lo llevan todo a la boca. Probablemente así es como se descubrieron las pasas. Alguien las vio y no sabía lo que eran, así que se comió una.

Dado que las pasas se descubrieron hace tanto tiempo, no hay una persona a la que podamos señalar para decir que las descubrió. Sin embargo, el propio fruto seco ha evolucionado mucho desde sus humildes comienzos. Las pasas pueden elaborarse con todo tipo de uvas, cada una de las cuales tiene su propio sabor y textura. El método de secado también determina el sabor final de las pasas. Son muy fáciles de hacer, e incluso podrías hacerlas en casa si quisieras.

Ya formen parte de la mezcla de frutos secos que tomamos como tentempié o se utilicen en la tarta de frutas de Navidad, las pasas existen desde hace mucho tiempo y se han colado en muchos platos. Son una forma estupenda de endulzar algo de forma más sana que echándole un montón de azúcar.

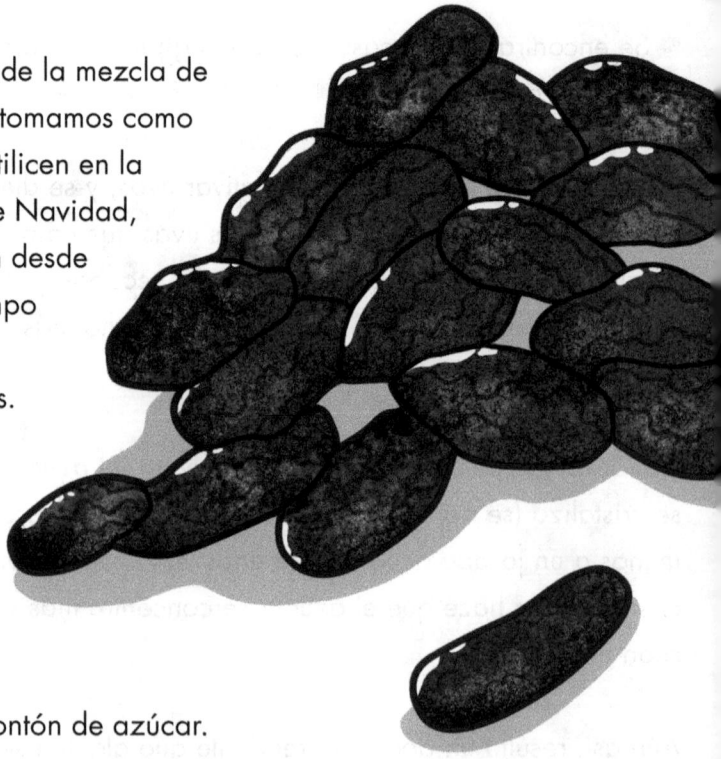

CHICLES

A algunos nos gusta mascar chicle para refrescar el aliento y a otros para hacer burbujas, pero todos hemos sentido alguna vez el escalofrío que nos recorre la espalda cuando nuestros dedos rozan algún chicle viejo pegado a la parte inferior de un pupitre en el colegio.

El chicle existe desde hace mucho tiempo, pero no en la forma en que lo conocemos hoy. En el África subsahariana, las tribus indígenas mascaban la savia de la acacia durante sus largos viajes. El principal ingrediente que hace masticable el chicle procede de una historia muy similar.

En México, mucha gente era aficionada a masticar savia de zapote, que era muy chiclosa, y Antonio López de Santa Anna, un presidente mexicano exiliado, no era diferente. Santa Anna acabó atrapado en Staten Island, Nueva York, sin dinero, así que recurrió a la ayuda de un inventor local, Thomas Adams, para intentar convertir la savia de zapote en una nueva forma de látex. El caucho estaba en auge en Estados Unidos y él quería sacar tajada.

Por mucho que lo intentó, Adams no pudo convertir la savia en nada que funcionara como goma. Sin embargo, se dio cuenta de su potencial como goma de mascar cuando vio a una niña pedir un chicle hecho con parafina, que tenía un sabor poco agradable.

Adams empezó a convertir la savia de zapote en algo que pudiera sustituir a los chicles menos satisfactorios que se vendían en ese momento. En 1859, puso a la venta las primeras "bolas de chicle" y, aunque no tenían sabor, fueron un éxito inmediato. La mayoría de las otras alternativas masticables tenían un sabor amargo que mucha gente no podía digerir, y esta nueva versión insípida era un sustituto perfecto. Aunque ahora la idea de masticar una bola insípida durante mucho tiempo no nos parezca atractiva, no tendríamos chicle si no hubiera habido algo que gustara a la gente al masticar esas bolas insípidas.

Thomas Adams fundó la que entonces era la mayor empresa de fabricación de chicles del mundo y empezó a experimentar con muchos sabores y colores diferentes.

Por desgracia, el chicle que mascamos hoy en día tiene poco que ver con las plantas de las que procedía originalmente. Esto se debe a la sobreexplotación de los árboles y a que se desarrolló una base de chicle artificial. Pero, ya sea natural o artificial, el chicle es satisfactorio de mascar y seguirá haciéndose un hueco en los pupitres de los colegios.

CAPÍTULO 3
ACCIDENTALMENTE
SALVANDO VIDAS

¿Dónde estaría el mundo sin la medicina moderna? La respuesta no está muy lejos. La medicina ha revolucionado el mundo, ayudando a aumentar la esperanza de vida y a tratar enfermedades que antes significaban una muerte segura. La mayor parte de sus inicios se remontan al uso de hierbas y plantas, para tratar diversas dolencias, en forma de infusiones y polvos. Hoy en día, la producción de medicamentos es una industria multimillonaria que ve cómo miles de químicos y bioquímicos desarrollan nuevas medicinas cada año.

Lo realmente interesante de la mayoría de los descubrimientos médicos es que a menudo son fruto de accidentes o de cuando la gente intentaba conseguir o averiguar algo más. También suelen provenir de muchas mentes diferentes durante un largo periodo de tiempo. Los científicos hicieron descubrimientos asombrosos, pero a veces no sabían cómo aprovecharlos o cómo hacerlos útiles. Fue necesario el trabajo en equipo para hacer posibles muchos de estos inventos e ideas. Al cabo de muchos años, un nuevo científico puede por fin ser capaz de hacer lo que el primero nunca pudo. La medicina es un verdadero testamento del concepto de que la colaboración es a menudo necesaria para llevar una idea a la línea de meta.

Todos los inventos de este capítulo han contribuido a salvar vidas y prolongar la esperanza de vida desde que se descubrieron por primera vez, aunque su descubrimiento fuera completamente accidental.

ASPIRINA

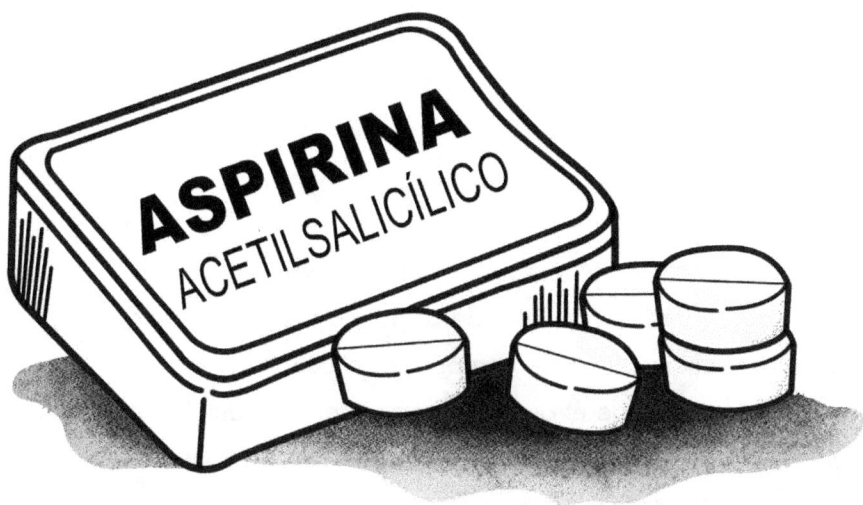

Aspirina es el apodo del ácido acetilsalicílico. Ya sé que es una palabra muy grande y que probablemente nunca tendrás que recordarla, a no ser que pienses convertirte en químico.

La aspirina se utiliza para tratar dolores de cabeza, artritis y muchos otros problemas desde hace más de 100 años, gracias a sus potentes propiedades antiinflamatorias y analgésicas. La planta de la que procede, el sauce, se ha utilizado en la fitoterapia desde la antigua Grecia, pero no fue hasta 1763 cuando se utilizó por primera vez en su forma más purificada.

El reverendo Edward Stone cayó enfermo de lo que pudo ser malaria y luchaba con fiebre y dolores que iban y venían. Fue durante uno de estos episodios cuando probó accidentalmente un poco de corteza de sauce. No está claro cómo llegó esta corteza a formar parte de su dieta, pero lo que sí se sabe es que tuvo un momento eureka, ya que le ayudó a despejar su cabeza febril.

Stone descubrió que, si secaba la corteza y la trituraba hasta convertirla en polvo, podía utilizarla como medicamento para ayudar a sus pacientes a tratar la fiebre. El polvo debía tomarse cada cuatro horas, una dosis que se sigue utilizando hoy en día. La corteza funcionaba porque contenía salicilato, que es básicamente aspirina infantil.

El Dr. Stone siguió recetándolo durante muchos años, pero desgraciadamente murió antes de poder seguir investigando para extraer el salicilato del compuesto. Muchos científicos trabajaron después de él para extraerlo, pero el salicilato causaba efectos secundarios bastante desagradables en su forma pura. Probablemente había algo en la corteza que ayudaba a estabilizar el compuesto y reducir los efectos secundarios. Sin embargo, la forma de corteza tampoco estaba lo suficientemente concentrada, lo que significa que no funcionaba tan bien como podría haberlo hecho.

No fue hasta que consiguieron crear un compuesto derivado del salicilato, el acetilsalicílico, que por fin tuvieron algo que podía tratar las fiebres y los dolores de cabeza sin los terribles efectos secundarios. El exitoso científico se llamaba Felix Hoffmann.

Heinrich Dreser, estrecho colaborador de Hoffmann, descartó el potencial comercial de la aspirina porque aceleraba los latidos del corazón al tomarla. Irónicamente, el medicamento que más le interesaba, la heroína, tenía efectos secundarios mucho peores y era más perjudicial para el organismo que la aspirina.

Sin embargo, Bayer AG, la empresa en la que trabajaban Hoffman y Dreser, vio el potencial del medicamento y lo puso en producción. La aspirina se convirtió en un éxito masivo. Hoy en día se sigue recetando para muchas enfermedades y dolores.

Fue necesario comer corteza accidentalmente y el minucioso trabajo de muchos científicos para que se hiciera realidad. Aunque en este caso funcionó, comer corteza (o cualquier cosa extraña) no es un método viable para encontrar nuevos medicamentos, así que no vayas a darle un mordisco al próximo árbol que veas pensando que encontrarás la cura para una enfermedad.

INSULINA

La diabetes solía ser una sentencia de muerte para el ser humano. No había casi nada que pudiera hacerse para ralentizarla o ayudar al organismo a procesar los azúcares procedentes de los hidratos de carbono (como el pan, las patatas y el arroz). La insulina fue la salvadora, y se descubrió por primera vez hace más de 100 años.

Durante muchos años, los científicos y los médicos no sabían qué causaba exactamente la diabetes; conocían todas las características de la enfermedad y podían diagnosticarla fácilmente, pero sin saber por qué las personas desarrollaban diabetes, los médicos luchaban por encontrar una cura o incluso un tratamiento eficaz. Para tratar una enfermedad, hay que saber por qué se produce; de lo contrario, sólo se están haciendo conjeturas.

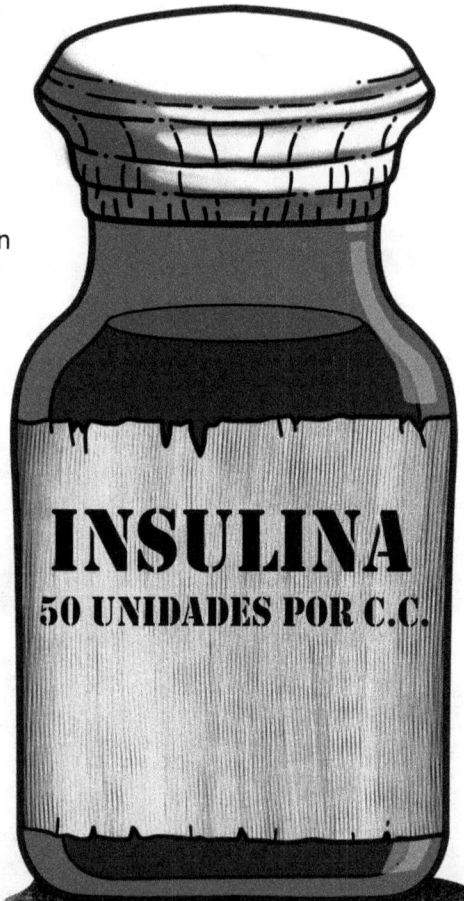

INSULINA
50 UNIDADES POR C.C.

En 1889, Joseph von Mering y Oskar Minkowski extirparon el páncreas a un perro vivo para estudiar su influencia en la digestión. Sin embargo, su experimento les enseñó algo muy distinto. Los dos científicos observaron que el perro empezó a presentar síntomas de diabetes un día después de la extracción. Llegaron a la conclusión de que los niveles de azúcar en sangre estaban controlados por la insulina, una sustancia producida por el páncreas, pero no consiguieron aislar la hormona ni encontrarle ninguna utilidad práctica.

No fue hasta 30 años después cuando se aisló por primera vez la insulina y se utilizó para tratar la diabetes. Sir Frederick G. Banting y Charles H. Best fueron los primeros científicos en aislar la insulina de un perro y administrársela a otro. Los resultados fueron extraordinarios, ya que los niveles de azúcar en sangre del perro volvieron rápidamente a la normalidad y el perro recuperó la salud.

Con la ayuda de otros científicos, empezaron a trabajar en el desarrollo de una forma más pura de insulina para utilizarla en personas. El 11 de enero de 1922, se administró la primera versión de insulina a un niño de 14 años, y los resultados fueron notables, pero no perfectos. Los científicos siguieron perfeccionando y mejorando la insulina hasta que obtuvieron los resultados deseados: niveles normales de azúcar en sangre sin efectos secundarios evidentes, lo que salvó al niño y a muchos más en el futuro.

En los dos años siguientes, y con la ayuda de muchos científicos diferentes, la insulina se utilizó para diversos usos y aplicaciones. La insulina, como la penicilina, es un testimonio de que a menudo se necesitan muchas mentes para hacer algo grande. Hoy en día, la diabetes es más un inconveniente que una amenaza para la vida cuando se controla adecuadamente. Se calcula que nueve millones de personas llevan una vida sana gracias a este invento (Mond & Proclemer, 2011).

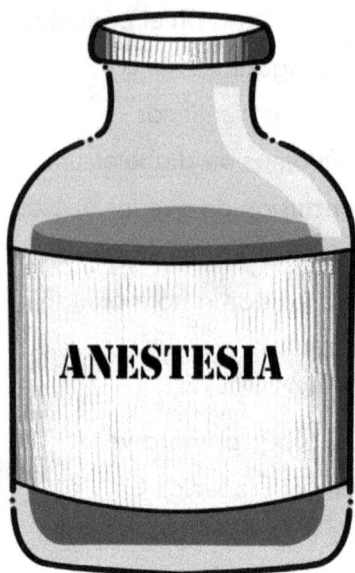

ANESTESIA

La atención médica actual no sería la misma sin la anestesia. Desde sacarse una muela hasta someterse a una intervención quirúrgica mayor, la anestesia hace soportables muchos procedimientos médicos.

La primera forma de anestesia fue el óxido nitroso, más conocido como "gas de la risa". Este gas se sigue utilizando regularmente en muchas consultas dentales.

En un espectáculo de entretenimiento en 1844, un dentista llamado Horace Wells vio a otro miembro del público, Samuel A. Cooley, inhalar el gas como parte del acto del espectáculo. Durante el espectáculo, el Sr. Cooley se golpeó la pierna contra un banco y empezó a sangrar, pero no sintió dolor. Wells se dio cuenta de que esto era algo que la comunidad médica había estado buscando durante muchos años: la capacidad de adormecer el dolor.

En aquella época, la gente no se cepillaba los dientes tanto como ahora, lo que significaba

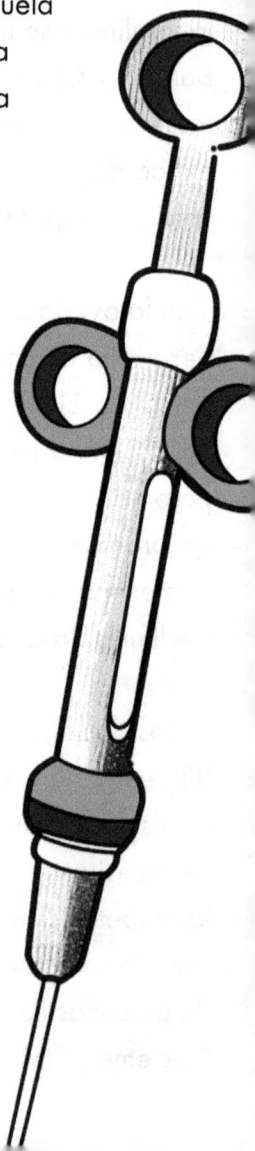

que las dolorosas extracciones dentales eran algo habitual para muchas personas (ahora sabemos que cepillarse los dientes es muy importante). La mayoría de los dentistas buscaban constantemente formas de mejorar la experiencia de sus pacientes y facilitar estas extracciones.

Poco después Wells hizo una demostración de óxido nitroso. Intentó sacar un diente de la boca de un paciente, pero éste echó la cabeza hacia atrás y aulló de dolor, señal inequívoca de que el óxido nitroso no había funcionado. Desgraciadamente, esto se debía a que Wells no había administrado al paciente suficiente cantidad del anestésico; sin embargo, los médicos que le observaban no lo entendieron y se rieron de él fuera del quirófano.

Fue William Morton quien finalmente hizo la primera demostración con éxito ante un público, utilizando éter sulfúrico en lugar de óxido nitroso. Sorprendentemente, esto no fue lo único emocionante de la demostración de Morton. También fue la primera persona en desarrollar una forma segura de controlar y administrar el anestésico al paciente a través de una mascarilla. Esto fue revolucionario, ya que todos los intentos anteriores corrían el riesgo de sobredosificar a los pacientes. Su invento creó una escuela de medicina completamente nueva: la anestesiología.

Morton, Wells y Charles Jackson, un químico que ayudó a Morton con su invento, pasaron el resto de sus vidas peleándose por quién debía llevarse el mérito, con el fin de recibir toda la riqueza que se derivaba de un invento tan revolucionario. Todos ellos murieron antes de que terminara la batalla legal. A veces, es mejor dejar las cosas como están.

Independientemente de a quién debamos el mérito, la anestesia hace posibles muchos procedimientos médicos. También nos ha proporcionado muchos vídeos divertidos de gente haciendo locuras bajo su influencia.

EL MARCAPASOS

¿Ha oído alguna vez aquello de que "el corazón es caprichoso"? Aunque este dicho se refiere al romance, en realidad los corazones pueden alterarse con bastante facilidad. A veces, el corazón no late como debería y su ritmo cardíaco puede volverse irregular. Esto significa que el tiempo entre latidos no es regular, lo que provoca una alteración del ritmo cardíaco que puede poner en peligro la vida.

Durante mucho tiempo, no había mucho que se pudiera hacer por esta afección. Sabíamos por qué ocurría; cosas como los infartos, los bloqueos y la vejez pueden debilitar el corazón y alterar los latidos de una persona. Sin embargo, era muy poco lo que podía hacerse para tratarla o controlarla.

Dio la casualidad de que la persona que inventó el marcapasos era un "humilde manitas". El Dr. Wilson Greatbatch era ingeniero en Clarence, Nueva York. Un día estaba jugueteando

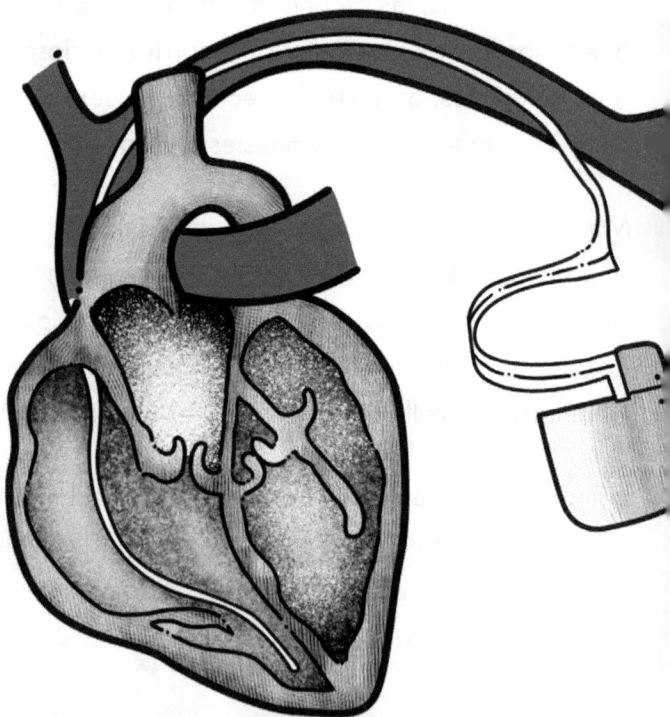

con un aparato en su patio trasero, intentando desarrollar un dispositivo que pudiera medir el ritmo de un corazón humano. Estaba completamente concentrado en el aparato mientras buscaba en su caja de herramientas una pieza concreta que completaba el circuito. Por suerte, cogió la pieza equivocada y la conectó al circuito. Al hacerlo, el circuito emitió vibraciones intermitentes, como un corazón humano. En otras palabras, el ritmo al que zumbaba el aparato era exactamente el que debería tener un corazón humano.

Greatbatch dice que se quedó mirando el aparato con incredulidad. Tuvo un momento eureka y se dio cuenta al instante de que este dispositivo podía utilizarse para accionar un corazón humano. Con la ayuda del Dr. William Chardack, cirujano del Hospital de Veteranos de Búfalo, consiguió perfeccionar el dispositivo para que pudiera funcionar dentro del cuerpo humano sin causar ningún daño a la persona que lo llevara.

Aunque probaron el dispositivo con éxito, Greatbatch seguía sin estar satisfecho. como utilizaba las pilas que había entonces, había que cambiarlo cada dos años. Tener que someterse a ese tipo de cirugía mayor con tanta frecuencia era muy duro para el cuerpo. El Dr. Greatbatch obtuvo los derechos de otro tipo de pila y empezó a modificarla y perfeccionarla para utilizarla en el marcapasos.

A lo largo de su vida, Greatbatch inventó más de 300 cosas, pero ninguna fue tan revolucionaria como el marcapasos y las baterías médicas que aún hoy se utilizan en numerosos implantes. Decía que nunca volvió a sentir la misma alegría que cuando vio que algo que él había fabricado ayudaba a latir a un corazón, como ocurrió en las primeras pruebas del dispositivo en humanos.

En la actualidad se implantan más de un millón de marcapasos al año, lo que les da una nueva oportunidad de vivir sin las limitaciones de un corazón inconstante (Mond & Proclemer, 2011).

PENICILINA

La penicilina fue menos inventada y más descubierta, pero sigue siendo uno de los inventos médicos más vitales que tenemos hoy en día. Si no fuera por la penicilina, no tendríamos tantos tratamientos médicos y curas como tenemos actualmente. La familia de la penicilina constituye una gran parte de los antibióticos, y la penicilina en sí sigue siendo un medicamento muy importante utilizado para tratar una serie de infecciones bacterianas.

La penicilina fue descubierta por casualidad por Sir Alexander Fleming. Llevaba mucho tiempo buscando lo que él llamaba un "medicamento milagroso", capaz de eliminar las bacterias nocivas sin dañar el organismo humano. En septiembre de 1928, Fleming acababa de volver de vacaciones y estaba sentado en su mesa de trabajo del hospital St. Mary's ordenando un montón de placas de Petri sucias. Antes de marcharse, había apilado las placas para dejar espacio a otro científico que pudiera trabajar

PENICILINA

1 000 000 I.E.

en su mesa mientras él estaba fuera. Ahora estaba clasificando las placas contaminadas para ver cuáles se podían salvar. Mientras colocaba las placas de Petri contaminadas en desinfectante, una sustancia que limpia y mata las bacterias, entró su antiguo ayudante de laboratorio, D. Merlin Pryce. Fleming cogió una placa de Petri que aún no había llegado al desinfectante, para demostrar lo difícil que había sido en el laboratorio desde que Pryce se había trasladado, y observó algo interesante en esa placa de Petri en concreto.

En la placa había crecido moho mientras Fleming no estaba. Esto en sí no era interesante, pero lo que le llamó la atención fue que el moho parecía haber matado al Staphylococcus aureus, un tipo de bacteria, que estaba presente en la placa de Petri.

Fleming pasó los meses siguientes cultivando moho para aislar qué moho o sustancia había matado a las bacterias de la placa de Petri. Con la ayuda de un micólogo (especialista en mohos), Fleming determinó que el moho era Penicillium y más tarde dio a la sustancia antibacteriana el nombre de penicilina. Sin embargo, Fleming no era químico y no fue capaz de aislar la sustancia en algo útil. Aunque no era tóxica y tenía las propiedades antibacterianas que había estado buscando, para Fleming no era su "medicamento milagroso".

Doce años más tarde, dos científicos, Howard Florey y Ernst Chain, empezaron a investigar la penicilina. Desarrollaron un polvo marrón que conservaba sus propiedades antibacterianas durante más de unos días y no era tóxico; así nacieron los primeros antibióticos. Debido a la Segunda Guerra Mundial, la sustancia se produjo en masa y salvó innumerables vidas de la infección que puede causar hasta el corte más pequeño.

Hoy en día, disponemos de muchos antibióticos diferentes para todos los tipos de bacterias, e incluso de probióticos para proteger las bacterias buenas de nuestro organismo. Pero si no fuera por la penicilina, gran parte de nuestros medicamentos no existirían.

RADIOGRAFÍAS

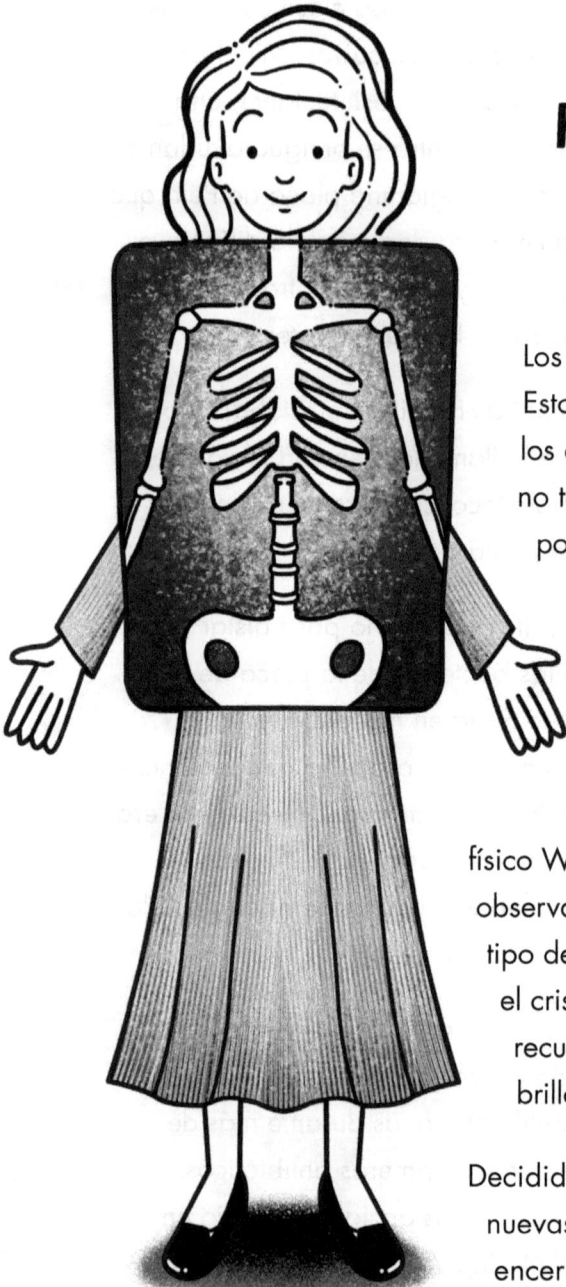

Los rayos X suenan muy misteriosos. Esto se debe probablemente a que los científicos que los descubrieron no tenían ni idea de lo que eran y, por tanto, utilizaron la "X" como marcador de lo que podían ser.

La historia de estas extrañas y fascinantes ondas comienza en un laboratorio de Wurzburgo (Alemania). El físico Wilhelm Conrad Röntgen estaba observando si los rayos catódicos (un tipo de onda eléctrica) podían atravesar el cristal cuando vio que una sustancia recubierta químicamente empezaba a brillar debido a los rayos.

Decidido a comprender mejor estas nuevas y extrañas ondas, Röntgen se encerró en su laboratorio y comenzó a realizar una serie de pruebas. Lo que descubrió fue revolucionario: Los rayos X son muy similares a los rayos de luz, pero mucho, mucho más pequeños. Eran capaces de atravesar la carne humana, pero no cosas más sólidas como los huesos o el plomo. Y lo que es mejor, los rayos podían fotografiarse.

Por primera vez en la historia de la medicina, los médicos pudieron ver el interior del cuerpo humano sin tener que abrir a nadie. Impresionante.

Esta nueva herramienta de diagnóstico se utilizó por primera vez en hospitales militares, donde la máquina permitía identificar huesos rotos y balas que aún permanecían en el cuerpo. Los rayos X pasaron a utilizarse en hospitales de todo el mundo, pero por desgracia los médicos no comprendían lo perjudiciales que podían ser.

Una exposición elevada a este tipo de radiación puede provocar quemaduras, daños en los tejidos e incluso cáncer. Hubo que esperar a la muerte de Clarence Dally, ayudante de Thomas Edison, que trabajó mucho con rayos X y murió de cáncer de piel, para que la gente empezara a tomarse en serio el peligro. Pero tuvieron que pasar otros 30 años antes de que se establecieran prácticas seguras de rayos X.

La gente era tan despreocupada que en las zapaterías te hacían radiografías de los pies mientras te ajustaban los zapatos. Imagínate que te hicieran una radiografía mientras compras en el centro comercial. Parece una locura. Hoy en día, las personas que trabajan con rayos X tienen que llevar un equipo de protección pesado, y un médico sólo te expondrá a los rayos si es necesario y de forma muy controlada y limitada.

Independientemente de lo peligrosos que puedan ser, los rayos X fueron los que allanaron el camino para las tomografías computarizadas, las resonancias magnéticas y todas las demás formas de diagnóstico por imagen que nos muestran lo que ocurre bajo la piel. La próxima vez que necesites una radiografía, recuerda que todo surgió de un accidente y de científicos decididos a entender por qué.

GAFAS PARA DALTÓNICOS

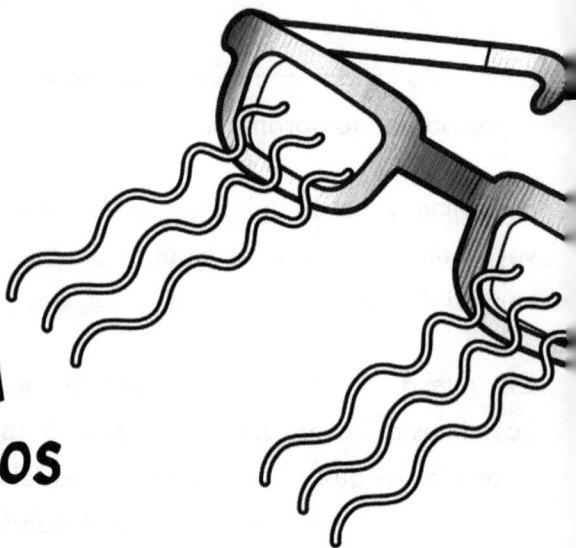

El mundo es un lugar hermoso. Desde el cielo azul hasta la hierba verde, es un lugar lleno de color y cosas que llaman la atención. Pero ¿y si no lo fuera? La visión del mundo de algunas personas se embota porque no pueden ver ciertos matices de color.

Vemos el color debido a que la luz blanca se compone de siete gamas de frecuencias diferentes que nuestros ojos procesan e interpretan. Parece muy complicado, pero piénsalo como si fuera un supermercado. Los colores son todos los artículos diferentes del mercado y tus ojos son libres de "comprar" cualquier artículo que encuentren. De ahí que veas los colores que ves. Pero en los supermercados de algunas personas no hay algunos artículos, algunos colores, y por tanto no pueden comprarlos. Estas personas se denominan daltónicas.

Por supuesto, aún pueden ver el color. Solía pensar que ser daltónico significaba que veías el mundo como en esas viejas películas en blanco y negro, pero no. Los daltónicos pueden ver el color, pero sólo determinados colores.

Las primeras gafas para corregir esta afección fueron inventadas por Don McPherson. Pero cuando las inventó, no pensaba en absoluto en los daltónicos. En su lugar, McPherson intentaba desarrollar unas gafas protectoras para los cirujanos que utilizaban láser (qué propósito tan increíblemente específico).

Había notado que las lentes ayudaban a mejorar los colores y los hacían "resaltar", pero no se dio cuenta de lo asombrosas que eran hasta que se las dio a probar a su amigo. Su amigo miraba asombrado a través de las gafas y era capaz de diferenciar un cono naranja en un campo verde cubierto de hierba, cosa que no había podido hacer hacía unos momentos. Su amigo era daltónico rojo-verde, un tipo de daltonismo que afecta a la capacidad de una persona para ver con precisión los tonos rojos y verdes. Con las gafas puestas, veía el mundo a todo color por primera vez en su vida. Fue este momento el que hizo que McPherson se diera cuenta de repente de que las lentes podían ser mucho más beneficiosas para el público que para los cirujanos especializados.

En los dos años siguientes, obtuvo subvenciones para seguir desarrollando las lentes e investigó la tecnología, que llegó al punto de poder corregir perfectamente el daltonismo rojo-verde.

En la actualidad, miles de personas pueden ver el mundo con más viveza gracias a estas lentes. Hay muchos vídeos conmovedores en Internet que muestran a personas que ven el color por primera vez.

Aunque en la actualidad estas lentes sólo sirven para tratar el daltonismo rojo-verde, ofrecen interesantes posibilidades para corregir otras formas más raras de daltonismo. A menos que veas el mundo como en las viejas películas en blanco y negro, no hay mucho que podamos hacer.

VASELINA

Hoy en día, utilizamos la vaselina para todo, desde los labios y la piel secos hasta el tratamiento de heridas en hospitales y la prevención de manchas de tinte en el pelo. La vaselina está hecha de petrolato, una sustancia natural que se encuentra en la tierra.

En 1859, el petróleo estaba muy solicitado. Ser capaz de extraerlo y venderlo con éxito significaba enriquecerse rápidamente. Robert Chesebrough era como cualquier otra persona y quería encontrar riqueza y vivir una vida cómoda. Creyó que podría unirse a la carrera del petróleo para conseguirlo, pero las tierras que compró para extraer petróleo no resultaron muy rentables.

Un día, fue a comprobar cómo les iba a sus trabajadores, pero se encontró con quejas. Los trabajadores no habían podido encontrar petróleo, sino que sólo habían tropezado con una molesta sustancia cerosa que obstruía sus taladros y les impedía avanzar en la búsqueda de petróleo. Esta sustancia era vaselina, pero los trabajadores la llamaban "cera de varilla" porque obstruía las varillas utilizadas para perforar en busca de petróleo.

No dispuesto a perder todo el dinero que había invertido en el proyecto, Chesebrough decidió investigar más a fondo la sustancia. Se dio cuenta de que los obreros utilizaban esta "cera de varilla" en los pequeños cortes y quemaduras que se hacían mientras trabajaban. De repente, la sustancia no era una mera molestia, sino que podía servir para algo.

Chesebrough decidió bautizar la sustancia con el nombre de Vaselina y la comercializó como ungüento cicatrizante para pequeñas heridas domésticas.

La vaselina no sólo sirve para aliviar pequeñas heridas. Por algo se utiliza tanto en los hospitales. Ya se trate de eccemas, piel seca, uñas quebradizas o patas secas de mascotas, la vaselina es un remedio adecuado. La razón de que sea tan beneficiosa es que atrapa la humedad que suele perderse cuando se tiene una herida o quemadura bajo la piel.

La vaselina también es muy estable, lo que significa que no causa irritación ni reacciones alérgicas como muchos otros ungüentos cicatrizantes.

Aunque Robert Chesebrough no pudo unirse a la carrera del petróleo, sí fue capaz de comercializar y vender algo muy útil para mucha gente. Mucha gente seguiría teniendo la piel seca e irritada si no fuera por su rapidez mental y su hallazgo accidental. Resultó que la parcela de tierra era rentable después de todo.

CAPÍTULO 4
ACCIDENTALMENTE EN CASA

Muchas cosas nos hacen la vida más fácil y sencilla en nuestras casas. Ya sea la electricidad o el agua corriente, vivimos con muchas más comodidades que nuestros antepasados. Todos los días utilizamos muchos objetos sin preguntarnos cómo llegaron a nuestros hogares.

Las casas son un invento en sí mismas, y casi todo lo que hay en ellas tuvo que inventarse también en algún momento. Nuestros hogares están repletos del resultado de las ideas y el trabajo de otros. Como a menudo no sabemos de dónde vienen, nos perdemos sus asombrosas historias.

En todas las casas hay un cajón lleno de cosas que quizá necesitemos algún día, guardadas para cuando inevitablemente las necesitemos, y entonces tenemos que rebuscar hasta encontrar lo que necesitamos. Muchos de los inventos de este capítulo acabarán en ese cajón.

Este capítulo trata de las cosas que facilitan la vida diaria o que se quedan en el cajón sin usar hasta que llega su momento de brillar.

IMPERDIBLES

Los imperdibles son una de esas cosas que podemos pasar años sin necesitar y de repente estamos rebuscando en nuestros cajones tratando de encontrar uno. Los padres suelen utilizarlos para adaptar temporalmente nuestra ropa a medida que crecemos. Se quedan con el imperdible en la boca diciendo: "¡Al final *te quedará* bien!".

El imperdible fue inventado por Walter Hunt en 1849 (así es, hace más de 150 años que existe). Hunt fue un inventor prolífico, pero aún así tuvo problemas para llevar comida a la mesa y mantener a su familia. Esto se debía en gran parte a que vendía sus ideas antes de que se convirtieran en algo corriente y, por tanto, no obtenía muchos beneficios de ellas.

Se le ocurrió la idea del imperdible mientras paseaba por el suelo, preocupado por cómo iba a pagar todas sus deudas. Estaba enrollándose un trozo de alambre en el dedo cuando se le ocurrió la idea. ¿Y si existiera un alfiler que se pudiera llevar durante mucho tiempo sin riesgo de que te pinchara? ¿Un alfiler seguro?

A Hunt se le ocurrió la idea de encerrar el lado puntiagudo en un capuchón y unir el pasador a un muelle para poder sacarlo fácilmente del

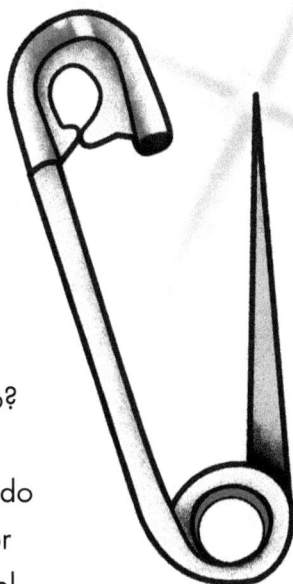

capuchón cuando fuera necesario. Lamentablemente, su invención intemporal no le puso en el camino de la riqueza como muchos podrían haber pensado.

Tras conseguir la patente del invento, lo vendió por unos 10.000 dólares actuales y lo utilizó para saldar su deuda. Aunque Hunt era un inventor brillante, concibió muchos inventos importantes, como la máquina de coser, carecía de conocimientos empresariales. El resultado fue que algunos de sus inventos fueron robados para que otros pudieran aprovecharlos, y que vendió sus ideas antes de poder empezar a ganar dinero con ellas. Le habría ido mucho mejor si hubiera tenido un buen socio comercial o si hubiera buscado asesoramiento sobre cómo comercializar y vender sus productos.

Lamentablemente, una mente tan brillante no es recordada como lo son otros inventores, pero aún así podemos estar agradecidos por lo que inventó. Incluso ahora que el velcro y el elástico son habituales, los imperdibles siguen teniendo su lugar en el mundo, ya sea para usos prácticos o por moda. La próxima vez que utilices un imperdible, recuerda el nombre de Walter Hunt, una mente brillante que ha pasado desapercibida durante demasiado tiempo.

VELCRO

Tanto si te dedicas alegremente a separar y volver a pegar el velcro como si te frustras sacando pelusas de él, es posible que alguna vez te hayas preguntado cómo funciona.

El velcro es una forma temporal de mantener las cosas unidas. No hace falta coser la ropa, que es difícil de hacer, basta con usar un poco de velcro. El velcro apareció después de los imperdibles, y sus usos son mucho menos limitados.

Un día, George de Mestral estaba de excursión en Suiza con su perro cuando se dio cuenta de algo interesante. El pelaje de su perro y su ropa estaban cubiertos de abrojos, un tipo de semilla que se pega fácilmente a la ropa y el pelo. En lugar de molestarse, de Mestral se sintió fascinado. ¿Qué hacía que los abrojos se pegaran tan fácilmente a su ropa?

Se llevó unas cuantas semillas a casa y las observó al microscopio. Vio que tenían estructuras en forma de gancho que les permitían engancharse a casi cualquier tipo de tejido o pelo. De Mestral se dio cuenta de que se trataba de una nueva forma de sujetar las cosas, a medio camino entre los botones, las cremalleras y la costura. Empezó a trabajar para crear una versión sintética de estas semillas.

La idea era tener un lado con los ganchos y el otro lado con lazos de tela en los que pudieran engancharse. Si todo iba bien, se unirían de forma sencilla.

El problema era encontrar un tejido que funcionara bien para el trabajo. Buscó por toda Europa antes de encontrar una mezcla de nailon y algodón que funcionaba a la perfección. Consiguió fabricar la primera pieza de velcro y patentarla. Después, se le presentó otro reto. El velcro tenía que estar hecho a mano, y de Mestral no podía pensar en una forma de producirlo en masa. Tras muchas pruebas y errores, finalmente desarrolló una máquina que podía fabricar Velcro.

Casi veinte años después de su primera idea, el velcro llegó al mercado, pero no se vendió. No fue fácil convencer al público de sus usos, y quizá nunca se hubiera convertido en un éxito de no haber sido por la NASA.

La NASA necesitaba algo que mantuviera las herramientas en su sitio en el espacio, donde no había gravedad. El velcro era perfecto. Como el espacio era emocionante y genial, el velcro también se volvió genial. Rápidamente llegó a la ropa, incluso a la moda de alta gama.

La naturaleza es un gran lugar para encontrar inspiración. La empresa Velcro sigue utilizando esta idea para idear nuevos y emocionantes inventos.

DETECTORES DE HUMO

Los incendios dan miedo y pueden ser extremadamente peligrosos.
¿Y si no supieras que hay un incendio hasta que lo tienes literalmente
a tus pies? Antes de los detectores de humo y otros sistemas de
prevención de incendios, esto era así. El fuego era aleatorio y poco
se podía hacer para detenerlo antes de que se descontrolara.

Los detectores de humo han salvado muchas vidas desde su invención
y también han reducido lo dañinos que pueden ser los incendios.
Sin embargo, nunca se concibieron para detectar humo, sino gases
venenosos.

El científico suizo Walter Jaeger tuvo la idea de construir un dispositivo que alterara la corriente eléctrica cuando un gas venenoso entrara en un sistema, activando así una alarma. El problema era que el gas venenoso no activaba la alarma. Frustrado por haber desperdiciado todo su trabajo y por tener que empezar de nuevo, encendió un cigarrillo y observó asombrado cómo el humo del cigarrillo activaba el sistema. Sorprendido y entusiasmado, Jaeger se dio cuenta de repente de un nuevo potencial para su dispositivo y empezó a trabajar para perfeccionarlo.

El humo es mucho más común en los hogares y las empresas que el gas venenoso, lo que significa que este nuevo dispositivo tenía muchas más probabilidades de venderse al público en general que su idea original.

Un par de años más tarde, otro científico suizo especializó el dispositivo para los tipos de gases que se encuentran en las minas. Ernst Meili fue el científico encargado de hacerlo, y también hizo que el detector de humo original fuera mucho más sensible y, por tanto, más eficaz.

Hoy en día, hay una gran variedad de detectores de humo y se utilizan para muchas cosas. Están los domésticos que muchos de nosotros tenemos en nuestras casas, que están diseñados para tener una sensibilidad específica al humo. Están los que se utilizan en grandes edificios y que suelen activar sistemas de defensa contra incendios como los aspersores o los rociadores que contienen la misma sustancia que los extintores. Ahora, incluso hay dispositivos que detectan gases venenosos en los laboratorios químicos.

Tanto si se trata de gases venenosos como de humo, estos dispositivos salvan vidas y han cambiado por completo nuestra forma de afrontar y gestionar los incendios.

TEFLÓN

Quizá te preguntes qué es el teflón. Pues bien, es una sustancia que se utiliza para recubrir ollas y sartenes y hacerlas antiadherentes. Por supuesto, este no es su único uso, pero sí el más notable.

El teflón fue inventado por el Dr. Roy Plunkett en 1938, mientras trabajaba en el laboratorio químico de DuPont. Intentaba fabricar un refrigerante menos tóxico que los que había disponibles en ese momento. Un refrigerante es una sustancia que hace que un frigorífico produzca aire frío.

Estaba probando el tetrafluoroetileno como alternativa. Con la ayuda de su ayudante, creó la sustancia química y almacenó el gas en pequeñas bombonas que luego congeló. Cuando intentaron sacar el gas de los cilindros, no salió nada. Los cilindros no podían estar vacíos porque seguían pesando lo mismo. Decidieron investigar más a fondo, abrieron los cilindros y encontraron una resina blanca y cerosa en su interior.

Tras realizar algunas pruebas, descubrieron que esta resina tenía cuatro propiedades muy útiles. Era muy resbaladiza, no corrosiva, químicamente estable y sólo se fundía a temperaturas increíblemente altas. Comprendiendo que la sustancia tenía un gran potencial, el Dr. Plunkett la envió al equipo de desarrollo de investigación especializado en polímeros (el tipo de sustancia que era la resina cerosa).

Pasaron tres años antes de que se patentara y otros cuatro antes de que se utilizara en la industria y el ejército. No fue hasta la década de 1960 cuando se utilizó en su función más conocida: las sartenes antiadherentes. Hay una lista muy larga de otros usos del teflón, ya que tiene aplicaciones en la mayoría de las cosas debido a sus propiedades, y seguimos encontrándole nuevos usos.

Cocinar con una sartén antiadherente es más sano, ya que se necesita menos aceite y la limpieza es más fácil, porque lo que queda en la sartén se desliza. El teflón también abarata el precio de las sartenes, ya que no es necesario comprar las caras de hierro fundido para tener una sartén antiadherente. El teflón es beneficioso en muchos aspectos de nuestras vidas, y todo gracias a que alguien congeló accidentalmente un gas.

HORNOS MICROONDAS

Cuando los hornos microondas salieron al mercado, mucha gente les tenía miedo. Hoy en día, son tan comunes que sería extraño no tener uno en casa. Además, probablemente estés más seguro al lado de tu microondas que al aire libre durante una tormenta eléctrica.

Los hornos microondas no surgieron de la búsqueda de una nueva forma de cocinar los alimentos, sino de los intentos de mejorar las comunicaciones y los radares. Percy Spencer, un ingeniero autodidacta, fue la persona que se dio cuenta del potencial de los microondas para la cocina.

Un día, estaba trabajando con un magnetrón, cuando se dio cuenta de que la barrita de cacahuete que llevaba en el bolsillo se había derretido. Esto era muy inusual y le impulsó a seguir haciendo pruebas.

A continuación, expuso otros alimentos a la radiación del magnetrón para ver qué ocurría. Para su deleite, un huevo empezó a temblar violentamente antes de explotarle en la cara. Al día siguiente cocinó palomitas para toda la oficina. No sólo podía cocinar alimentos con este método, sino que además lo hacía mucho más rápido que con los hornos o cocinas tradicionales.

Spencer no sabía si los hornos microondas eran seguros o no, pero como había trabajado en un laboratorio todo el tiempo con microondas, no creía que hubiera mucho riesgo. Hoy sabemos que los bajos niveles de radiación que emite un horno microondas no son perjudiciales para el ser humano y no hacen que nuestros alimentos sean menos nutritivos.

Los primeros microondas que salieron al mercado no fueron bien recibidos por dos razones. En primer lugar, la tecnología era nueva y revolucionaria, lo que hacía que los hornos microondas fueran extremadamente caros. En segundo lugar, la gente se sentía muy insegura y a menudo les tenía miedo, por lo que no los compraba.

En realidad, los inventos no despegaron hasta 1967. En 1975, se vendían más de un millón de microondas al año, y hoy en día más del 90% de los hogares estadounidenses tienen un microondas (Liegey, 2017). Los microondas permiten calentar la comida de forma rápida y sencilla y garantizan que siempre se consigan las palomitas de cine perfectas en casa.

Desde el estudio de las ondas hasta la cocción de los alimentos, son sin duda un extraño invento que nos resulta muy útil.

CERILLAS

Antes de las modernas cerillas de fricción, encender fuego era un engorro y a menudo requería mucho tiempo y paciencia.

Un farmacéutico británico, John Walker, cambió todo esto. Estaba trabajando en una pasta experimental que podía utilizarse de forma similar a la pólvora, pero que esperaba que fuera más eficaz. Mientras trabajaba, utilizó un pequeño trozo de madera para mezclar todas las sustancias de la pasta. Golpeó la madera contra el banco de trabajo y se sorprendió cuando prendió fuego.

Este pequeño momento le dio una idea brillante y emocionante. Quizá hubiera una forma mejor de encender el fuego. Tras algunas modificaciones y pruebas, perfeccionó los palitos utilizando una pasta de sulfuro de antimonio, clorato potásico y goma arábiga. Los palitos de cartón se sumergían en azufre. Comenzó a vender estas "luces de fricción" en su farmacia el 12 de abril de 1827. Más tarde utilizó astillas de madera cortadas a mano para las barritas y, finalmente, las empaquetó en cajas de cartón con un poco de papel de lija en el lateral para encenderlas con facilidad. Su invento se hizo popular rápidamente por su facilidad de uso y por lo mucho que reducía el tiempo necesario para encender un fuego.

Se aconsejó encarecidamente a Walker que patentara su invento, pero, por la razón que fuera, optó por no hacerlo, y poco después, en 1829, Samuel Jones, de Londres, empezó a vender sus "Luciferes", que eran una copia idéntica del invento de Walker.

Las cerillas se extendieron rápidamente
por toda Inglaterra y pronto aparecieron
cientos de fábricas por todo el país para satisfacer el deseo de la
gente por estos pequeños palos para encender fuego.

Originalmente, las cerillas fabricadas en serie se hacían con fósforo
blanco, que es un producto químico bastante tóxico. Las personas
que trabajaban en estas fábricas, principalmente mujeres y niños,
corrían un riesgo muy alto de desarrollar "mandíbula fosfórica",
que es un daño en la mandíbula debido a la exposición al fósforo.
La enfermedad era increíblemente dolorosa y muchas personas
perdieron su trabajo y su vida.

Tuvieron que pasar casi 80 años para que se prohibiera el uso
de fósforo blanco en la fabricación de cerillas. Hoy en día, las
cerillas no son tóxicas y son mucho más seguras que sus hermanas
y hermanos originales; pero incluso entonces, eran revolucionarias
para la vida cotidiana.

NOTAS POST-IT

Tanto si las utilizas para pegar recordatorios en tu escritorio como para marcar información importante en un libro, las notas Post-it son un elemento sencillo pero útil. La invención de estos cuadraditos puede atribuirse a dos personas: El Dr. Spencer Silver y Art Fry.

El Dr. Silver era un científico de 3M que trabajaba en el desarrollo de adhesivos más resistentes y fuertes que fueran útiles para múltiples fines industriales. Mientras experimentaba, se topó con todo lo contrario. El adhesivo que consiguió fabricar no era ni fuerte ni resistente. Obviamente, esto se consideró un fracaso a los ojos del laboratorio, pero Silver no lo sintió así por una cosa muy importante: su adhesivo podía reutilizarse.

Si el adhesivo se colocaba sobre papel y éste quedaba pegado a algo, podía despegarse sin causar ningún daño ni al papel ni a la otra superficie. El papel se podía volver a pegar fácilmente y conservaba sus propiedades adhesivas. Se trataba de un adhesivo único, pero al principio el Dr. Silver no le encontraba utilidad.

No fue hasta un par de años más tarde cuando surgió la idea definitiva. Un hombre llamado Art Fry se sentía frustrado por utilizar trozos de papel para marcar los himnos que tenía que cantar en su Biblia, ya que se le caían continuamente. Quería encontrar algo que pudiera pegarse a las páginas sin dañarlas.

De repente recordó un seminario al que había asistido del Dr. Silver y se dio cuenta de que el extraño adhesivo era exactamente lo que estaba buscando. Formando equipo, ambos empezaron a desarrollar la nota Post-it. Sin embargo, no despertó mucho interés entre el público cuando la lanzaron por primera vez, en 1977. Hizo falta una campaña de marketing masiva para que este pequeño invento despegara.

Hoy en día, las notas están repartidas por oficinas, casas y libros, y muchas personas no podrían trabajar sin estos pequeños recordatorios. Desde las que no están del todo bien hasta las simplemente perfectas, las notas Post-it no han cambiado mucho a lo largo de los años, lo que demuestra lo ingeniosas que son.

PLÁSTICO

El plástico es una de esas cosas que está en todas partes, todo el tiempo. Desde botellas de agua hasta fundas de teléfono, sería difícil contar todas las cosas de nuestra vida que están hechas de plástico. El plástico sintético existe desde hace más de 100 años y originalmente se llamaba baquelita.

La baquelita fue descubierta por Leo Hendrik Baekeland en 1907, mientras intentaba encontrar una alternativa más barata a la goma laca, que es un tipo de resina o barniz. Durante el proceso, mezcló diferentes sustancias y el resultado no fue el que buscaba.

La sustancia resultante era un tipo de polímero (un grupo especial de sustancias químicas del que están hechos la mayoría de los plásticos) que no se fundía con el calor o la tensión. Se trataba de algo insólito en comparación con los polímeros disponibles en aquel momento, y suponía una nueva oportunidad para los materiales sintéticos.

En aquella época, la mayoría de los materiales sintéticos se diseñaban para imitar a los naturales, pero para que pudieran producirse a menor costo. Este nuevo plástico termoendurecible cambió la situación. La sustancia no necesitaba imitar el mundo natural; podía funcionar por sí sola e incluso mejor que los materiales naturales disponibles.

Esto fue decisivo para la investigación futura sobre sustancias sintéticas, ya que significaba que ya no estábamos limitados a imitar la naturaleza, sino que podíamos hacer cualquier cosa de nuestros sueños más salvajes, siempre y cuando tuviéramos la química correcta.

Puede que no suene tan interesante, pero cambió la forma de concebir el proceso de investigación, haciéndolo más independiente e innovador.

Hoy en día, utilizamos la baquelita para todo, desde teléfonos hasta joyas y relojes. También disponemos de una gama mucho más amplia de plásticos de distintos grosores, propiedades y polímeros de la que teníamos inicialmente, todo lo cual no habría sido posible sin la invención de la baquelita.

El plástico hizo que el mundo se volviera loco por los materiales sintéticos, por lo barato que era producirlo y lo mucho que podíamos hacer con tan poco. Es una locura que aún no hemos superado.

TOALLAS DE PAPEL

¿Qué sería de una cocina sin toallitas de papel? Las toallitas de papel son una forma rápida y fácil de limpiar los desastres en la cocina, especialmente si implican algún tipo de líquido. También se utilizan en los baños públicos como una forma más higiénica de secarnos las manos.

Antes de las toallas de papel, los baños tenían toallas de mano normales que todo el mundo utilizaba. El problema era que así se transmitían fácilmente los gérmenes. Si una persona estaba enferma y utilizaba la toalla, existía el riesgo de que esos gérmenes se transmitieran a la siguiente persona que la utilizara. Las toallas de papel solucionaron este problema.

Arthur Scott inventó las toallas de papel a raíz de un accidente con un envío. Scott dirigía una fábrica de papel higiénico y le trajeron un cargamento de papel demasiado grueso para ser papel higiénico. En lugar de desechar el envío equivocado, Scott tuvo una idea.

Había oído hablar de un profesor de primaria que había dado a los niños enfermos papel suave en lugar de las toallas comunes de los baños, para que no marearan a los demás niños. Sorprendentemente había funcionado, y Scott tenía ahora una utilidad para su entrega equivocada.

El papel higiénico desechado se cortaba en trozos un poco más pequeños que las toallas de mano y se comercializaba como

toallas de papel desechables. Se aprovechó la idea de que eran más higiénicas que las toallas normales y se animó a la gente a utilizarlas como artículos de un solo uso. Tuvieron un éxito inmediato y contribuyeron a reducir la propagación de la gripe y los resfriados.

Un par de años más tarde, Scott desarrolló una toalla de papel para la cocina, que es donde más se utiliza hoy en día. La gente tardó un poco más en confiar en el papel de cocina, pero pronto se convirtió en un elemento habitual en la mayoría de los hogares.

Las toallitas de papel tienen muchos usos y su tarea más importante es garantizar que nuestros baños y cocinas permanezcan limpios y libres de gérmenes.

CAPÍTULO 5
ACCIDENTALMENTE INDUSTRIAL

Para que la industria exista, necesitamos inventores. De hecho, la industria se estancaría si no fuera por la constante evolución y desarrollo de nuevos productos e ideas. Ya sea un nuevo tipo de plástico, un chip de ordenador más rápido o un tejido sintético, la industria se nutre del pensamiento creativo que requiere la innovación.

"Industria" son básicamente todas las empresas que suministran los productos y servicios que compramos y utilizamos en nuestra vida cotidiana, pero también incluye cosas que se producen a muy gran escala o que se utilizan para cosas menos sencillas, como los explosivos o los metales empleados en la construcción de grandes máquinas para la minería o la agricultura. Todos los inventos de este capítulo han contribuido al crecimiento y desarrollo de la industria de una o varias maneras.

DINAMITA

La dinamita no sólo sirve para hacer explosiones en las películas, aunque eso es una ventaja añadida. Antes de la dinamita, no existían medios "comerciales" para hacer estallar cosas de forma segura, y era muy poco lo que podíamos hacer para que explotaran.

Esto significaba que la construcción de puentes, la demolición de edificios y la minería tenían que hacerse a mano. Esto llevaba mucho tiempo y era peligroso y caro. Muchos científicos habían investigado los explosivos, y el primero fue descubierto, por accidente, por Christian Friedrich Schönbein en 1835.

Schönbein estaba experimentando con ácido sulfúrico y ácido nítrico en su cocina, cuando accidentalmente derramó la mezcla. Pensando rápidamente, utilizó el delantal de algodón de su mujer para limpiar

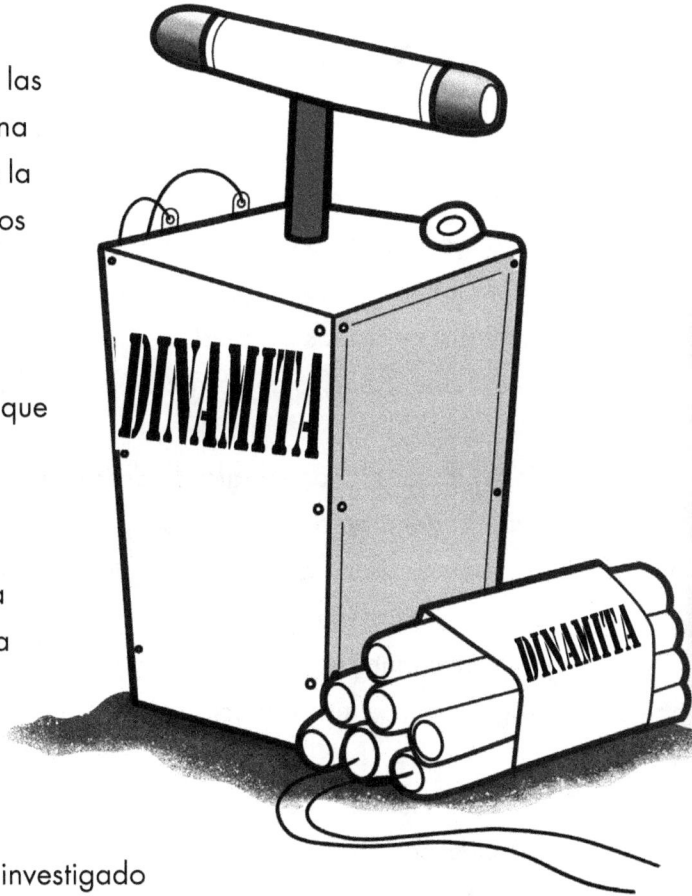

la mezcla. Cuando colgó el delantal junto a la estufa para que se secara, de repente estalló en llamas y desapareció por completo. Schönbein se dio cuenta de que era la celulosa del algodón la que había reaccionado con los ácidos y provocado la explosión.

Posteriormente, Ascanio Sobrero desarrolló aún más la tecnología al sustituir la celulosa por glicerina, una sustancia química similar. El resultado fue una sustancia conocida como nitroglicerina. La nitroglicerina es muy volátil en estado bruto; en términos sencillos, eso significa que hace que las cosas "exploten" con mucha facilidad.

Alfred Nobel formuló finalmente la nitroglicerina en un estado utilizable que se convirtió en lo que hoy conocemos como dinamita. Nobel mezcló el líquido con sílice e hizo una pasta maleable que aún conservaba las propiedades explosivas pero que era mucho más controlable. Esta sustancia recibió el nombre de dinamita.

Nobel mejoró la tecnología de detonación y patentó varios inventos, como la gelatina de detonación y el detonador, que permitían que las explosiones de dinamita se produjeran de forma más suave y eficaz. Creó una empresa que producía grandes cantidades de nitrocelulosa y nitroglicerina. Más tarde, también fundó el Premio Nobel, uno de los galardones más conocidos para científicos y académicos.

Desde un accidente en la cocina hasta minas y voladuras de rocas, pasando por asombrosas películas de acción, la dinamita ha recorrido un largo camino. Menos mal que el delantal estaba a mano y que la explosión no fue tan grande como para que ardiera toda la casa.

Hoy en día, este invento está realmente en auge.

GAFAS DE SEGURIDAD

La mayoría de las cosas protectoras de la vida surgen después de que ocurra algo malo. Los cinturones de seguridad se inventaron después de que miles de personas salieran despedidas de los coches en accidentes. Incluso las precauciones con los rayos X no llegaron hasta 50 años después de su invención, cuando la gente empezó a morir de cáncer de piel. Las gafas de seguridad no son diferentes.

Si nunca has estado en un laboratorio, quizá no sepas lo peligrosos que son ni cuál es la vestimenta adecuada. Los científicos que trabajan en laboratorios tienen que llevar guantes, batas y gafas para protegerse. Dependiendo de su trabajo, pueden incluso tener que llevar trajes para materiales peligrosos. Las gafas se utilizan para proteger los ojos de salpicaduras químicas o vapores que puedan quemarlos, y se emplean en muchas industrias para proteger los ojos de los trabajadores.

Las gafas de seguridad tienen su origen en la invención del vidrio de seguridad. En 1903, el científico francés Edouard Benedictus estaba trabajando en el laboratorio cuando accidentalmente volcó un matraz de vidrio que contenía nitrato de celulosa. Para su sorpresa, los trozos de vidrio no se hicieron añicos por completo. Aunque el matraz se había roto, los trozos seguían conservando su forma debido a una película parecida al plástico con la que el nitrato de celulosa había recubierto el vidrio.

También había leído cómo los accidentes de coche provocaban terribles heridas por los cristales rotos y creía que esta película podría hacer que el vidrio fuera más seguro y, por tanto, los accidentes menos mortales. Este fue el primer vidrio de seguridad del mundo.

Julius King fue la primera persona que modificó la tecnología del cristal de seguridad para convertirla en gafas de protección. King era oftalmólogo y estaba muy preocupado por las lesiones oculares que sufrían las personas que trabajaban en determinadas industrias. Colaboró con la Asociación Americana de Optometría para desarrollar el primer par de gafas de seguridad. Más tarde sacaron al mercado unas gafas que también podían utilizar los trabajadores que trabajaban en ambientes calurosos, como metalúrgicas y hornos.

Las gafas de seguridad que tenemos hoy en día están hechas de plástico protector en lugar de vidrio de seguridad y tienen toda una serie de otras características, como ser antivaho. Pero, de no haber sido por un desliz de la mano, el cristal de seguridad nunca se habría descubierto y las gafas de seguridad no habrían sido posibles.

CAUCHO VULCANIZADO

En caso de que estés tan confundido sobre lo que es el caucho vulcanizado como yo lo estaba cuando oí hablar de él por primera vez, permíteme darte un pequeño repaso. El caucho vulcanizado no es más que caucho más resistente. Las propiedades que hacen del caucho un material tan deseable se mejoran mediante el uso de calor y azufre y el resultado es un caucho más fuerte y resistente, que llamamos "vulcanizado". Es como dar superpoderes al caucho.

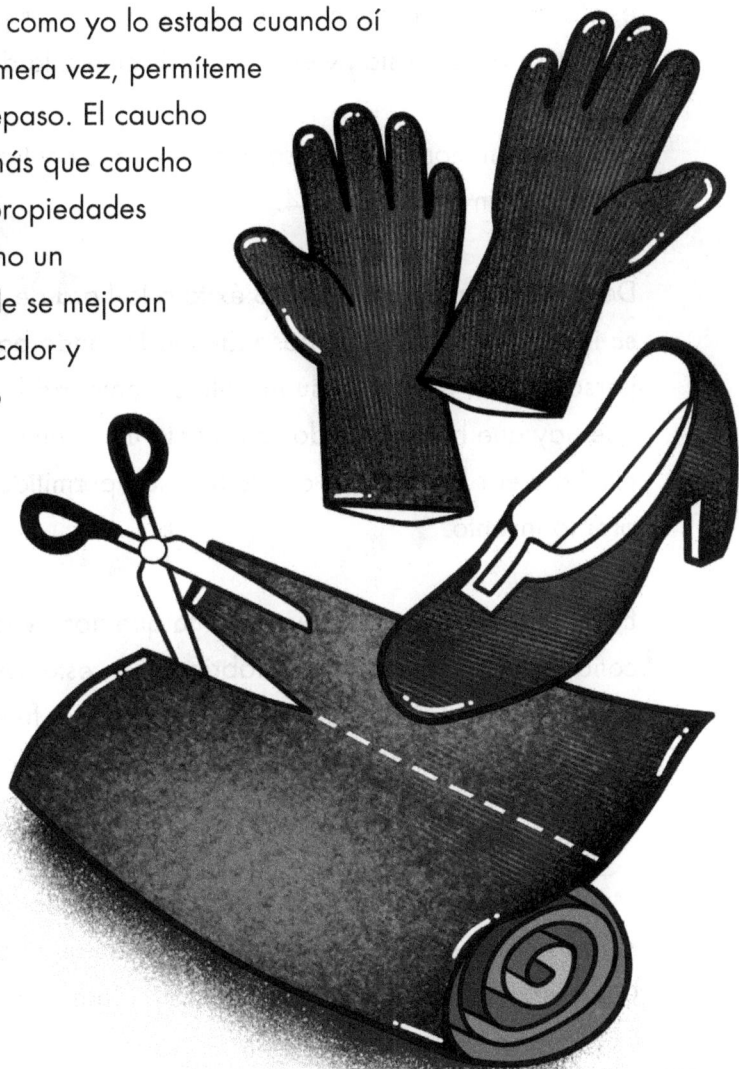

Charles Goodyear fue el cerebro del proceso de vulcanización para que el caucho pudiera utilizarse en la industria. Goodyear intentaba encontrar un proceso que hiciera que el caucho de la India no se pegara y fuera resistente a temperaturas muy altas y bajas. Su primera versión resultó inútil a altas temperaturas.

Había aprendido de Nathaniel M. Hayward que el caucho tratado con azufre dejaba de ser pegajoso, pero el proceso para hacer que el caucho resistiera los cambios de temperatura surgió por accidente, cuando dejó caer caucho mezclado con azufre sobre una estufa caliente. El caucho resultante tenía menos probabilidades de romperse bajo presión y era más resistente a la deformación.

Goodyear mejoró el proceso y lo hizo más controlado, y luego patentó su invento en 1844.

Desgraciadamente, tuvo poco éxito a la hora de ganar dinero con su invento. De hecho, se pasó la vida librando batallas legales con personas que utilizaban su invento sin comprar los derechos (algo que hay que hacer cuando se patenta un invento), por lo que le costó mucho crear las fábricas que le habrían permitido beneficiarse de su propio invento.

El caucho vulcanizado es un invento que nos ayuda en nuestra vida cotidiana. Los neumáticos se fabrican con esta sustancia, ya que el caucho, en su estado normal, se deformaría y fundiría mientras un coche circula. Esto se debe al calor producido por el movimiento giratorio.

Mucha gente ganó millones con su descubrimiento, pero Goodyear murió sin un céntimo y endeudado. Aunque no podemos pagar a Goodyear su ingenio y su duro trabajo, lo menos que podemos hacer es recordar su nombre.

POLVO INTELIGENTE

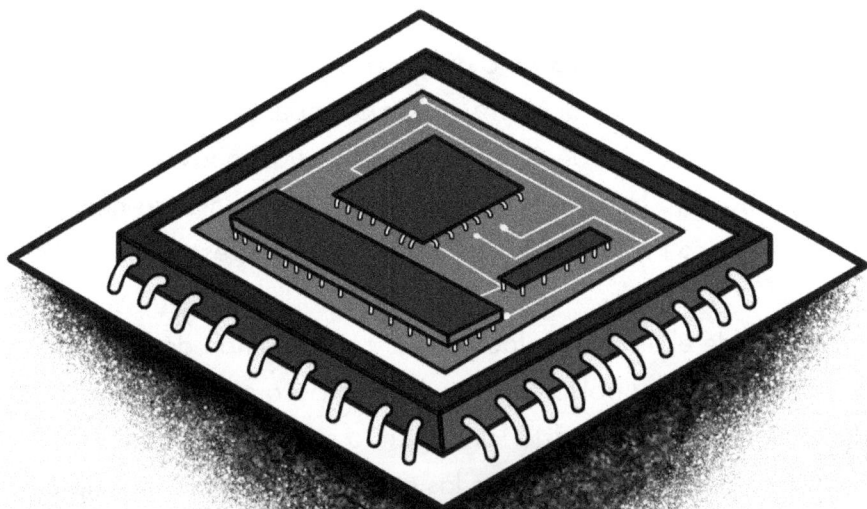

Es muy probable que nunca hayas oído hablar del polvo inteligente. Debido a su uso muy especializado, no es exactamente un artículo de uso doméstico.

El polvo inteligente tiene que ver con los chips informáticos y la programación. Podríamos preguntarnos: ¿cuándo vamos a necesitar un chip de ordenador de sólo un milímetro de tamaño? Aunque sea un tema que pasa por encima de la mayoría de nuestras cabezas, no deja de ser algo muy interesante y es uno de los inventos más recientes de nuestra lista.

El polvo inteligente fue inventado por Jamie Link, estudiante de posgrado de la Universidad de California, en 2003. Link estaba intentando recubrir un chip mucho más grande con una película de silicona y rompió un trozo del chip por error. Se dio cuenta de que el chip más pequeño seguía conservando las propiedades del chip original.

Sus observaciones le llevaron a descubrir el polvo inteligente. Link podría haber ignorado el error y volver a empezar, pero prefirió ser curiosa y aprender de él. Fue revolucionario. Todavía se está investigando y no hay nada comercializado que contenga polvo inteligente, pero las ideas al respecto son muy interesantes.

La mayoría de ellas están relacionadas con el campo de la medicina, ya que el polvo podría utilizarse para administrar mejor la medicación. También se está investigando su uso para manipular el cerebro, lo que podría ayudar a los paralíticos a utilizar miembros artificiales (esto también sería útil para los amputados). También hay muchas posibilidades de que sirva para tratar el cáncer.

Además, existen algunas aplicaciones militares del polvo, como la detección de sustancias químicas tóxicas, que podría utilizarse para la detección precoz de guerras químicas. También tiene interesantes perspectivas para la transferencia inalámbrica de datos e información.

Aunque es muy poco probable que tengamos polvo inteligente en nuestras casas a corto plazo, no deja de ser un invento emocionante e interesante. Su descubrimiento nos demuestra que los errores no son algo que debamos ocultar o esconder bajo la alfombra. La próxima vez que cometas un error, mira un poco más a fondo: puede que hayas descubierto algo que podría cambiar el mundo.

KEVLAR

Probablemente sepas lo que es el Kevlar, sólo que probablemente no sepas que se llama Kevlar. El uso más genial del Kevlar es en los chalecos antibalas. El Kevlar es una sustancia sintética resistente al calor y muy fuerte. De ahí lo de "antibalas".

A Stephanie Kwolek, la inventora del Kevlar, le encantaba mezclar ciencia y costura. Una combinación aparentemente inconexa, empezó a experimentar con tejidos desde muy joven y descubrió su pasión por la química y la medicina cuando estaba en la universidad.

Kwolek no tardó en sentirse fascinada por los polímeros. Ya hemos hablado antes de los polímeros, que son un grupo de sustancias químicas que forman largas cadenas. A Kwolek le gustaba especialmente trabajar con ellos a bajas

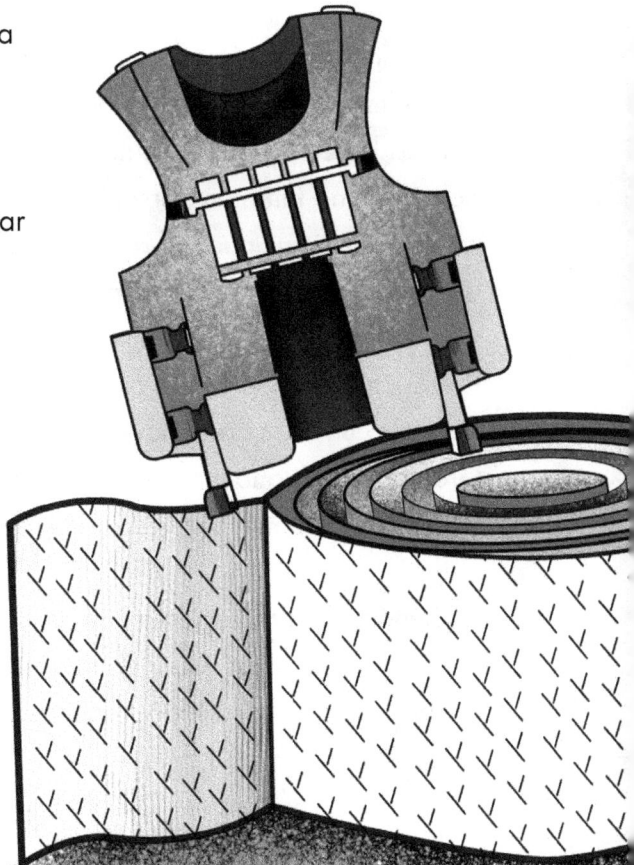

temperaturas, y fue al observarlos cuando se topó con algo increíble. El material era increíblemente fuerte y rígido, algo que podría haber pasado desapercibido si no hubiera prestado tanta atención.

Este descubrimiento fue revolucionario: se trataba de un plástico cinco veces más resistente que el acero y era la sustancia sintética más fuerte jamás creada. De hecho, era tan singular que su descubrimiento dio lugar a una industria totalmente nueva, que ha producido más de 200 nuevos artículos. No sólo sirve para detener balas, sino que también se utiliza en naves espaciales, trajes espaciales, barcos, frenos de coches, cables de fibra óptica e incluso zapatos.

La sustancia también se utiliza en la moda como protección, pero es increíblemente cara. Esto se debe a que las personas que compran la ropa buscan seguridad, no estilo. No sólo la utilizan militares y policías, sino también personas que realizan trabajos peligrosos, como periodistas que informan desde zonas de guerra o personas que pueden ser objetivo de asesinos, como los políticos.

Kwolek no sólo descubrió algo asombroso, sino que también demostró un aspecto importante de la ciencia: mezclar y combinar. Gracias a sus conocimientos científicos y a su amor por la costura, fue capaz de entender y reconocer los usos de la sustancia.

La ciencia se complementa a menudo con conocimientos que no tienen nada que ver. Cuando te pones creativo y juegas con lo que puede y no puede funcionar, puedes descubrir algo asombroso. Kevlar es una prueba de ello.

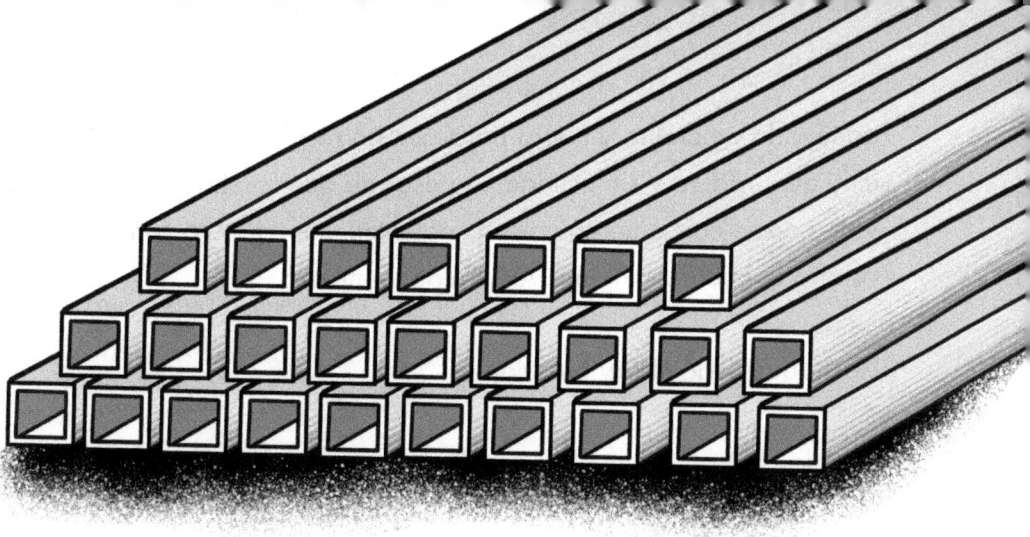

ACERO INOXIDABLE

El acero existe desde hace mucho tiempo y nadie sabe exactamente quién lo inventó. Se fabrica añadiendo carbono al hierro, lo que da como resultado una sustancia mucho más fuerte y resistente que el carbono o el hierro por sí solos. Sin embargo, el acero tiene un gran problema: contiene hierro y el hierro se oxida.

A diferencia de otros metales, el óxido del hierro no crea una capa protectora a su alrededor que evite daños posteriores. Cuando el hierro se oxida, se desintegra. Se corroe lentamente hasta que no es más que polvo. Añadir carbono no detiene el proceso de oxidación.

El método para superar este frustrante problema fue descubierto en 1821 por Pierre Berthier. Añadió cromo, otro metal, al hierro y así evitó su oxidación. Sin embargo, nadie pudo encontrar la proporción adecuada de cromo y hierro para que no resultara una sustancia muy quebradiza y sin utilidad. A pesar de que mucha gente lo intentó y de que se concedieron muchas patentes, nunca se comercializó ni vendió al público ninguna versión de la mezcla.

Hasta que llegó Harry Brearley.

Brearley trabajaba en el desarrollo de una aleación metálica lo bastante resistente para el cañón de un arma. Era un trabajo tedioso que le llevaba meses. Cuando la pila de chatarra que tenía junto a su puesto de trabajo empezó a oxidarse, se dio cuenta de algo muy extraño. Uno de los cañones de prueba seguía reluciente; no se había oxidado como los demás. Cuando Brearley intentó probar el barril para ver cuál era su composición, se dio cuenta de que también era muy resistente a los productos químicos. Por suerte, pudo identificar la composición y, tres semanas después de su descubrimiento inicial, había perfeccionado la aleación.

En aquella época, la empresa para la que trabajaba Brearley fabricaba sobre todo cubiertos, y se dio cuenta de que este nuevo "acero inoxidable" sería perfecto para ese uso. Los cubiertos solían ser de acero o de plata. El acero era tedioso de mantener y la plata era demasiado cara para la mayoría de la gente. Ésta era una solución perfecta.

Un amigo de la empresa estuvo de acuerdo con él y bautizaron el material como "acero inoxidable". Pronto fundaron la primera empresa de acero inoxidable del mundo y empezaron a producirlo en masa por toneladas.

Gracias al hallazgo de Brearley, ya no tenemos que pulir y cuidar constantemente nuestros artículos de acero. ¡Imagínate cuánto tiempo nos ha ahorrado!

CAPÍTULO 6
ACCIDENTALMENTE ACCIDENTAL

A veces, las cosas no encajan en una sola categoría o es difícil situarlas en algún lugar. Este capítulo trata de inventos que podrían encajar en muchos capítulos o en ninguno. Tanto si se trata de algo que puede utilizarse en la industria, en casa o incluso en cualquier parte, ¡en esta sección los encontrarás!

Son igual de accidentales y emocionantes, pero son lo que yo llamo misceláneos.

PAPEL DE BURBUJAS

Todos hemos explotado alguna vez un plástico de burbujas. Tanto si has saltado sobre él como si lo has retorcido entre las manos o has reventado minuciosamente cada una de las burbujas, sabes lo que es. El plástico de burbujas es a veces más emocionante que lo que envuelve. También es muy importante en el mundo del transporte, ya que reduce el riesgo de rotura. También ha permitido que las compras en línea sean tan comunes como lo son hoy.

Alfred Fielding y Marc Chavannes inventaron el plástico de burbujas. Sin embargo, intentaban inventar un papel pintado con textura. Para ello, pasaron hojas de cortinas de ducha de plástico por un dispositivo que las unía; sin embargo, los resultados fueron más que decepcionantes.

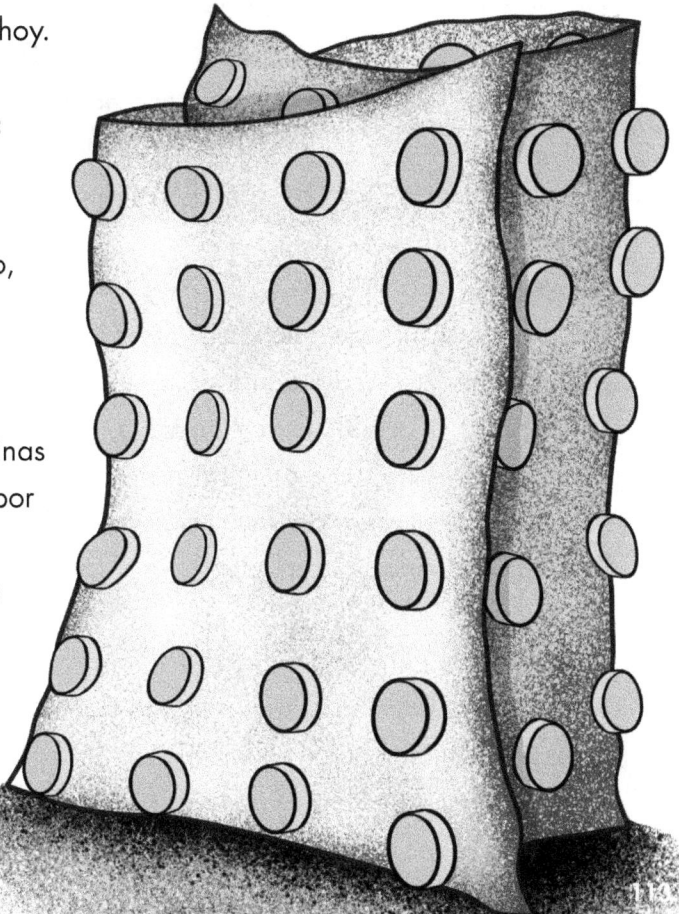

Las sábanas se cubrieron de burbujas de aire, que era lo último que esperaban. Aunque no era lo que querían, no descartaron el invento de plano. Lo patentaron y se convirtieron en los primeros en crear un proceso de gofrado y laminado.

Después de conseguir la patente, empezaron a pensar en usos para su invento. Consiguieron idear más de 400 usos, y muchos de ellos tuvieron tanto éxito como el papel pintado texturizado.

En 1960 fundaron Sealed Air Corporation y un año más tarde empezaron a utilizar su "plástico de burbujas" en embalaje. Fue aquí donde encontraron el éxito.

La idea de utilizarlo como embalaje surgió porque IBM había lanzado un nuevo ordenador y necesitaba una forma de transportarlo con seguridad sin riesgo de que se dañara. En aquella época, los ordenadores eran del tamaño de una habitación e increíblemente caros. Si el ordenador se dañaba durante el transporte, su reparación sería muy costosa. El plástico de burbujas era la solución perfecta.

Esto abrió los ojos de muchas empresas al producto, que rápidamente empezó a ganar popularidad. Fue especialmente útil para las pequeñas empresas, cuya única opción anterior para proteger sus entregas eran los periódicos, lo que no resultaba muy eficaz. Un alto índice de devolución de artículos rotos puede ser fatal para las pequeñas empresas.

El plástico de burbujas no tardó en aparecer en todas las formas y tamaños, y hoy en día sigue siendo el medio número uno para proteger las mercancías en los envíos. Sin embargo, en mi opinión, su verdadero propósito es reventar.

INTERNET INALÁMBRICO

¿Dónde estaríamos sin Internet? Desde los videojuegos hasta Netflix, todo es posible gracias a Internet. El Internet que usamos hoy funciona con Wi-Fi, una tecnología inalámbrica que se utiliza para conectar ordenadores. Antes del Wi-Fi, había que conectarse a la World Wide Web (el Internet primitivo) a través de una serie de cables y conexiones telefónicas, pero el Wi-Fi hizo que la conexión fuera más rápida y sencilla. De hecho, sin ella, los smartphones no serían muy inteligentes.

John O'Sullivan, ingeniero australiano, no intentaba crear una nueva forma de conectarse a los ordenadores y a la World Wide Web, sino escuchar los agujeros negros. La expresión "escuchar" se utiliza aquí en sentido amplio, ya que intentaba desarrollar una forma de observar las ondas liberadas por los agujeros negros.

Se había inspirado en la teoría de Stephen Hawking sobre los agujeros negros en evaporación y sus ondas de radio. En su búsqueda, descubrió unas ondas de radio mucho más débiles que las demás ondas de radio del universo. Él y su equipo de investigadores se propusieron desarrollar un dispositivo que pudiera identificar y filtrar estas ondas de radio para poder observarlas sin que las demás interfirieran. Por desgracia, no fueron capaces de encontrar las ondas del agujero negro.

Unos años más tarde, SCIRO (Organización de Investigación Científica e Industrial de la Commonwealth), una agencia gubernamental australiana, encargó a O'Sullivan que encontrara una forma de que los ordenadores se comunicaran entre sí sin cables. Recordando sus investigaciones sobre los agujeros negros y el dispositivo que había fabricado, O'Sullivan empezó a trabajar para modificarlo y hacerlo funcionar con ordenadores. Gracias a su capacidad para buscar una señal concreta, incluso en un entorno con montones de señales flotando, el dispositivo era la herramienta perfecta.

Esta modificación dio lugar al primer Wi-Fi de la historia y supuso para CSIRO un ingreso de más de mil millones de dólares por el invento.

Sin Wi-Fi, la mayoría de nuestros dispositivos modernos no funcionarían. Todo lo que es capaz de conectarse a Internet sin cable depende de la creación de Wi-Fi. La mayoría de la gente no sería capaz de pasar una semana sin él, así que menos mal que O'Sullivan estaba tan decidido a demostrar la existencia de los agujeros negros.

Puede que no pase a la historia como alguien que demostró la existencia de los agujeros negros, pero la vida moderna está en deuda con él.

MALVA

El malva es un bonito color morado suave que a veces puede rozar el rosa.

Un dato curioso sobre el color púrpura es que originalmente estaba reservado exclusivamente a la realeza porque el tinte era extremadamente caro. Además, era un color único que no se veía a menudo, lo que ayudaba a distinguir a la realeza de la gente corriente.

El púrpura es un color brillante y divertido que se puede encontrar con relativa facilidad hoy en día, pero la historia del primer tinte púrpura o malva es bastante interesante. No solo fue totalmente accidental, sino que se convirtió en el primer tinte sintético de la historia y cambió por completo la moda.

Antes de que se inventaran los tintes sintéticos, todos los tintes se fabricaban a partir de materiales naturales. Se extraían de insectos, como la cochinilla, que aún hoy se utiliza para el pintalabios rojo, o de plantas como la remolacha y otras flores. El púrpura procedía de un insecto parecido al caracol que no sólo era raro, sino también muy difícil de extraer el color.

William Perkin descubrió el primer tinte púrpura con sólo 18 años, cuando intentaba encontrar una alternativa a la quinina, el medicamento utilizado para tratar y prevenir la malaria. En la década de 1850, Inglaterra estaba estableciendo bases militares en muchos países tropicales donde la malaria era frecuente. El problema era que la quinina procedía de un árbol concreto que sólo crecía en Sudamérica y cuyo procesamiento resultaba muy caro. Muchos científicos habían intentado encontrar la manera de crear quinina artificial, para abaratar el medicamento.

Perkin estaba trabajando en su casa de Londres, haciendo experimentos con un compuesto llamado anilina, para ver si conseguía que tuviera un comportamiento similar al de la quinina; desgraciadamente, el experimento fue un fracaso. Entonces intentó arreglar el experimento fallido añadiendo alcohol y fue entonces cuando notó algo extraño. El alcohol adquiría un color violáceo.

Puede que Perkin no hubiera descubierto algo que abaratara la medicación contra la malaria, pero había descubierto algo que revolucionaría el mundo, especialmente la moda y el diseño.

Los tintes sintéticos son baratos en comparación con los naturales, y este descubrimiento significó que el púrpura ya no estaba reservado a los ricos y poderosos. También lanzó una nueva era de intentar inventar y encontrar tintes para otros colores. Esto hizo estallar el mundo en un arco iris. Sin el error de Perkin, no tendríamos un mundo tan brillante como el actual.

EL TELÉFONO

Hoy en día, los teléfonos no son tan comunes como antes, aunque los móviles estén sustituyendo a muchos de los teléfonos de cable de la vieja escuela.

Sin embargo, hubo un tiempo en que los teléfonos eran una locura que cambió el mundo por completo. Antes de que los teléfonos fueran tan comunes como las casas, la gente tenía que comunicarse a través de cartas o telégrafos. Poder obtener una respuesta de alguien al instante sin tenerlo delante era tan extraño como poco común. Los teléfonos realmente cambiaron la vida de muchas personas.

El telégrafo fue anterior al teléfono y, aunque también fue revolucionario, era muy sencillo. Sólo se podía enviar una línea de información a la vez, a un punto, y las líneas tenían que ser "traducidas" para ser entendidas al otro lado.

Alexander Graham Bell, el inventor del teléfono, intentaba mejorar el telégrafo para que pudiera enviar varias líneas de información a varios lugares al mismo tiempo. Mientras trabajaba en este telegrama de líneas múltiples, también empezó a desarrollar un "telégrafo parlante", esencialmente el teléfono antes de que fuera el teléfono.

Entonces, ¿dónde entra el accidente?

En aquella época, Bell y su socio, Thomas Watson, no sabían que las señales sonoras podían enviarse eléctricamente. En pocas palabras, aún no se habían dado cuenta de que se podía transmitir sonido a través de un cable eléctrico, que es lo que hace que funcione un teléfono. Mientras trabajaba en el proyecto, Bell arrancó accidentalmente un cable que estaba conectado a su prototipo. Esto hizo que una vibración viajara por el sistema hasta el otro extremo. A partir de ese momento, Bell y Watson empezaron a centrar todo su trabajo en el teléfono. Habían movido el sonido a través de cables eléctricos. Lo que habían estado teorizando era ahora posible.

Pero éste no fue el único accidente. La primera prueba del teléfono fue totalmente accidental. Mientras trabajaba, Bell derramó accidentalmente ácido sobre sus pantalones. En su estado de pánico, gritó: "Sr. Watson, venga aquí". Para su asombro, Watson oyó a Bell en el receptor de la otra habitación y acudió de inmediato. Habían conseguido que funcionara y había nacido el teléfono.

El resto es historia. El teléfono arrasó en América y luego en el resto del mundo. Este invento cambió nuestra forma de entender la electricidad y permitió a muchas más mentes idear cosas nuevas y emocionantes que podíamos hacer con un simple cable.

LIMPIEZA EN SECO

La limpieza en seco siempre parece ser una forma especial de lavado que se reserva sólo para la ropa de trabajo cara. Cuando era más joven, solía pensar que debían de utilizar una lavadora especial hecha con magia. ¿Por qué si no era tan misteriosa y especial?

La limpieza en seco no tiene nada que ver con lavar la ropa a máquina. En primer lugar, es un proceso que utiliza aceite en lugar de agua para limpiar los tejidos. Este método está pensado para eliminar las manchas y preservar los tejidos de una forma que el agua y el jabón nunca conseguirán.

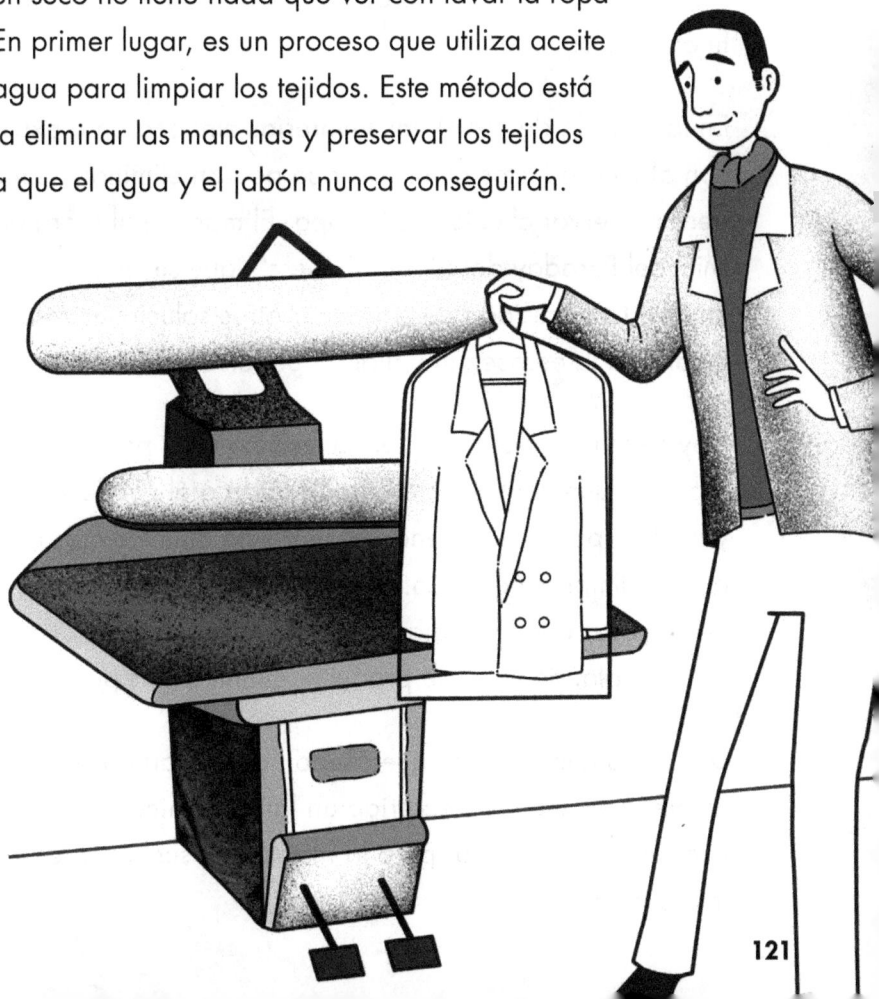

Lo que me parece aún más descabellado es que la limpieza en seco exista desde la década de 1840.

Se cuenta que una criada que trabajaba en casa de Jean-Baptiste Jolly volcó una lámpara de queroseno sobre un mantel de lino muy manchado, derramando aceite de lámpara por todas partes. Tras inspeccionar la tela, Jolly se dio cuenta de algo: el lino parecía estar más limpio en todos los lugares donde había entrado en contacto con el aceite. Había descubierto una nueva forma de limpiar los tejidos.

Rápidamente, Jolly quiso sacar provecho de su descubrimiento y creó la primera tintorería de la historia que utilizaba productos a base de gasolina, como el queroseno, para limpiar los tejidos y eliminar las manchas. Este método de limpieza permaneció inalterado hasta finales del siglo XIX.

En la década de 1900, las tintorerías empezaron a experimentar con otros productos químicos, que podían eliminar las manchas, pero preservar el color de la ropa. El más popular era el cloro, pero Michael Faraday descubrió el "perc", que se sigue utilizando hoy en día. La necesidad de encontrar otras soluciones se debió en gran medida a la escasez mundial de petróleo provocada por la guerra.

Hoy sabemos que el percloroetileno no es el producto químico más seguro y que la exposición prolongada a él puede ser peligrosa y nociva, pero sigue siendo el producto químico más utilizado para la limpieza en seco. Aunque existen opciones más seguras y respetuosas con el medio ambiente, la mayoría de las tintorerías siguen optando por este producto químico más peligroso.

Desde las lámparas de queroseno hasta el arte que es hoy, la limpieza en seco ha recorrido un largo camino. Por desgracia, no es una lavadora mágica, pero la historia de sus orígenes no deja de ser interesante.

SUPERGLUE

PEGAMENTO

Pegar los dedos con superglue es una experiencia aterradora y estimulante a la vez. Una vez que el pegamento se seca, no puedes separar los dedos. Además, el pegamento se quita fácilmente lavando los dedos con agua tibia, así que no se quedarán pegados para siempre.

El superglue tiene su origen en la Segunda Guerra Mundial. El Dr. Harry Wesley Coover Jr., uno de los inventores de la sustancia, intentaba crear miras de plástico transparentes para los soldados estadounidenses. El problema era que el compuesto que había desarrollado, el cianoacrilato, era demasiado pegajoso.

Imagínate que se te mete una gota de superglue en el ojo, ¡suena a desastre!

Coover y su equipo abandonaron la sustancia en ese momento, y él no volvió a ella hasta más de diez años después. Coover retomó su proyecto cuando investigaba sobre polímeros (siempre son los polímeros, ¿no?) y entonces se dio cuenta de que el adhesivo era único. A diferencia de otros adhesivos, el superglue podía pegar dos sustancias de forma permanente sin calor ni presión. Esta vez, Coover vio el potencial de la sustancia y la patentó como "Alcohol-Catalyzed Cyanoacrylate Adhesive Compositions/Superglue" (O'Brien, 2021).

Es un nombre muy largo. Luego se reempaquetó como "superglue", que es mucho más pegadizo, y se vendió para uso comercial.

El superglue o super pegamento se descubrió originalmente durante una investigación para el ejército y, de hecho, cerró el círculo. Durante la guerra de Vietnam, los médicos utilizaron el pegamento para cerrar heridas como alternativa a los puntos. Era mucho más rápido y les permitía tratar a más pacientes en menos tiempo. También se utilizaba como solución rápida para detener hemorragias y que los médicos tuvieran tiempo de llevar a los pacientes al hospital.

El superglue de entonces podía irritar la piel, pero en 1998 se desarrolló una versión inocua para la piel, llamada "vendas líquidas".

El superglue pasó de ser demasiado pegajoso a un adhesivo que siempre supimos que necesitábamos. No sólo sirve para uso doméstico, sino que también ha salvado vidas en el ámbito médico. Intenta no pegarte los dedos la próxima vez que lo uses.

CONCLUSIÓN

Así pues, ahí están los 50 inventos que surgieron de accidentes. Desde alimentos y medicinas hasta juguetes y artículos industriales, hemos recorrido los muchos inventos que surgieron de accidentes y errores.

A menudo tratamos los errores con dureza y nos regañamos por cometerlos. Pero no hay que rehuir los errores demasiado rápido; como ahora sabemos, una gran parte de los objetos de este libro nunca se habrían encontrado de no ser por los errores.

Los errores forman parte de la vida. Si decidimos aprender de ellos, podemos acabar creando cosas que nos cambien la vida, como el polvo inteligente. Cuando algo sale mal, lo mejor es mirar el resultado con positivismo e intentar sacar lo mejor de la situación. Quién sabe, quizá salves el mundo.

Pueden parecer muchos, pero en realidad hay cientos de otros inventos que también surgieron de intenciones diferentes o de muy poca intención. Eso forma parte de la belleza de todo esto: es tan aleatorio y difícil de controlar. Incluso las ideas pueden ser volubles.

Sentir curiosidad por saber de dónde vienen las cosas nos ayudó a descubrir las interesantes historias de la invención y accidentes. También nos ha permitido comprender mejor cómo y por qué funcionan las cosas. Siente curiosidad por el mundo que te rodea, desde cómo funciona Internet hasta de dónde viene el chicle. La curiosidad es una de las formas más maravillosas de hacer que el mundo sea apasionante y mágico.

Cada día se inventan cosas nuevas y se descubren accidentalmente, y un día tu nombre podría acabar en este libro.

www.ingramcontent.com/pod-product-compliance
Lightning Source LLC
Chambersburg PA
CBHW060241030426
42335CB00014B/1563